Philosophy 101: From Plato and Socrates to Ethics and Metaphysics,
an Essential Primer on the History of Thought

你真的存在嗎？

1分鐘掌握古今中外思想的
哲學入門課

Paul Kleinman
保羅·克萊曼——著　王士涵——譯

前言：哲學是什麼？

這個問題本身聽起來就挺哲學性的，對吧？

但「哲學性」到底是什麼意思？而「哲學」又是指什麼？

哲學一詞本意為「對知識的熱愛」，而正是這份熱愛推動了眾多哲學家，讓他們得以探討許多根本性的問題，像是「我們到底是誰？」和「為什麼我們會生在這世界上？」等等。

表面上，哲學隸屬於社會科學領域。但在閱讀這本書的過程中你會逐漸發現，哲學絕對不僅僅是一門社會科學而已，你能想到的每個主題都在其觸及範圍之內；哲學絕不只是一群古希臘人互相問對方一堆問題而已（雖然這般情景在哲學史上的確不少見），而是可以應用在非常實際的地方——從政策中的倫理問題到寫程式的邏輯，這一切的一切都建立在哲學之上。

透過哲學，我們可以探索各式各樣的概念——像是生命的意義、知識、道德、現實、神的存在、意識、政治、宗教、經濟、藝術和語言學等，哲學就是如此無邊無際！

廣義上的哲學主要包含以下6大主題：

①形上學：探討宇宙和現實的學問。

②邏輯學：探討「如何建構有效論證」的學問。

③知識論：探討知識及「如何習得知識」的學問。
④美學：探討美和藝術的學問。
⑤政治學：探討政治權利、政府及公民角色的學問。
⑥倫理學：探討道德和「應該如何生活」的學問。

你是否曾經有這樣的念頭：「天啊，我大概一輩子都沒辦法搞懂哲學吧。」如果答案是肯定的，那你現在可以放心了，因為這本書正是你引頸期盼的「哲學速成班」。有了這本書，你就可以盡情地打開你的「心靈之眼」，不必擔心閱讀過量而造成眼睛過勞的問題。

歡迎來到哲學入門課。

目錄 CONTENTS

你真的存在嗎？

1分鐘掌握古今中外思想的哲學入門課

前蘇格拉底哲學

❖西方哲學的濫觴

西方哲學始於5～6世紀時古希臘哲學家的思想。當時，這群後世稱為「前蘇格拉底哲學家」的人開始對他們周遭的世界產生許多疑問，不認為周遭的一切都是由希臘眾神創造而成，而開始為世界、宇宙以及自身的存在尋求更合理的解釋方式。這樣的思考脈絡就是所謂的「自然哲學」。

前蘇格拉底哲學家提出以下諸多疑問：「世界萬物都是從哪冒出來的？」、「世界萬物是用什麼東西造出來的？」、「如何用數學來描述自然界？」、「為何各式各樣的事物能在大自然中和諧共存？」這些哲學家想要找出所謂的「本原」，也就是構成宇宙的基本原料或原則。宇宙萬物的型態各有不同，且時時刻刻都在變動，因此前蘇格拉底哲學家認為，本原中必然包含與「變化」相關的原則。

❖「前蘇格拉底哲學」是什麼？

西元一九〇三年，「前蘇格拉底」一詞因一位名叫赫爾曼・迪爾斯的德國學者而開始被廣為使用，而所謂

「前蘇格拉底」就是「在蘇格拉底之前」的意思。不過，其實蘇格拉底和許多前蘇格拉底哲學家活在相同的年代，因此這並不是指「年代早於蘇格拉底」，而是「在思想體系和原則上和蘇格拉德有所差異」的意思。

雖然許多前蘇格拉底哲學家都有留下紙本著作，但無一完整存活至今。因此，我們對這些哲學家的瞭解大多源自僅存的斷簡殘編，以及後來的哲學家和歷史學家所引用的字句，而這些引述多多少少都會有些失真。

❖重要的前蘇格拉底學派

◉米利都學派

最早的一群前蘇格拉德哲學家生活在一座名叫「米利都」的城市，位於小亞細亞（現今土耳其）的西岸。米利都孕育出3名重要的前蘇格拉底哲學家，分別是泰利斯、阿那克西曼德和阿那克西美尼。

泰利斯（西元前六二四～前五四六年）

前蘇格拉底哲學家中，泰利斯可說是數一數二重要的人物。他主張宇宙的基本元素──也就是前面提到的本原──就是「水」。他認為水可以經由蒸發或凝固等變化原則而形成氣態或固態，並認為水可以產生濕氣和養分，而濕氣同時也是熱的來源。泰利斯甚至相信世界是漂浮在水面上的。

阿那克西曼德（西元前六一〇～前五四六年）

繼泰利斯之後，下一位重要的米利都哲學家就是阿那克西曼德。他的想法和泰利斯截然不同，主張宇宙中的基本元素其實是一種未有明確定義和界線，且充滿不確定性的物質，稱為「無限」。從起初的無限開始，「乾濕」和「冷熱」等相互對立的物質彼此分離。此外，阿那克西曼德也以歷史上第一位有留下文字著述的哲學家著稱。

阿那克西美尼（西元前五八五～前五二八年）

米利都學派中，最後一位重要的前蘇格拉底哲學家便是阿那克西美尼。他相信宇宙的基本元素是空氣，且空氣無所不在，可以經由某些歷程而形成其他物質，如：水、雲、風、火，甚至是整個世界。

◉畢達哥拉斯學派

畢達哥拉斯（西元前五七〇～前四九七年）是一名哲學家兼數學家，其最廣為人知的大概就是以他為名的「畢氏定理」了。畢達哥拉斯相信世上一切現實皆建立於數學關係之上，且數學也是萬物的主宰。對他來說，數字是十分神聖的，且一切事物都可以用數學來測量和預測。畢達哥拉斯的聲譽之好和影響力之大可說是十分驚人，他所創立的學派幾乎如同邪教組織，追隨者會將其一字一句都奉為圭臬，包含他各種千奇百怪且無所不包的規矩——從飲食到穿著，甚至連上廁所的方式都管。畢達哥拉斯的哲學探討廣及許多不同的領域，而他的學生則將其教誨視為神的預言。

◉以弗所學派

赫拉克利特（西元前五三五～前四七五年）出生於以弗所，其學說為以弗所學派的根基。他相信大自然中的萬物皆處於一種「流變」的狀態，也就是時時刻刻都在變化的意思。最為著名的就是他「無人能踏入同一條河兩次」的概念。赫拉克利特相信宇宙的基本元素是火，而萬物皆為火的不同表現形式。

◉伊利亞學派

科洛封是一座離米利都不遠的古城，也是伊利亞學派的主要根據地。其鄰近的土地孕育出4位十分重要的前蘇格拉底哲學家，分別是色諾芬尼、巴門尼德、芝諾，以及來自薩摩斯的麥里梭。

色諾芬尼（西元前五七〇～前四七五年）

色諾芬尼出生於科洛封，以對宗教和神話的尖銳批評著稱。其中，他對於眾神具有人類的形象這件事感到十分不滿。他相信世上必定有這樣一位神，可以不必動一根手指就能聽見、看見並思考整個世界，並只需用想的就能掌控萬物。

巴門尼德（西元前五一〇～前四四〇年）

巴門尼德出生於伊利亞，相信現實可以和我們所感知到的世界毫無關聯，因此我們不能仰賴感官，而是要透過理性思考才能瞭解真理。巴門尼德認為，早期米利都學派的學說不僅過於晦澀難懂，且一開始就搞錯問題所在。對他來說，討論事物的存在與否根本沒有意義，因為唯有存在的東西才是真實且能解的。

巴門尼德對柏拉圖，甚至於整個西方哲學領域造成了深遠的影響。他的思想引領了整個伊利亞學派，成為歷史上首次主張依靠純粹理性來探討真理的哲學運動。

芝諾（西元前四九〇～前四三〇年）

芝諾出生於伊利亞，是巴門尼德的學生中最赫赫有名的一位（也有人認為他是巴門尼德的情人）。為了支持巴門尼德的思想，他花許多時間建立一系列論點（即「悖論」），其中最為知名的就是有關運動的悖論。在這些運動相關悖論中，他試圖證明所謂的「本體多元論」——意思是指世上存在的事物並非只有一種，而是有許多種——最終會導出非常荒謬的結論。芝諾和巴門尼德相信現實是唯一的，而所謂的「多元論」和運動等概念只不過是我們的錯覺而已。雖然後人推翻了芝諾的思想，但他所提出的悖論仍為後世的哲學家、數學家及物理學家提供許多值得深思的問題、挑戰和啟發。

麥里梭（約西元前四四〇年）

麥里梭出生於薩摩斯，是伊利亞學派最後一位哲學家。他承接了巴門尼德和芝諾的思想，提出「似乎」和「真的」的區別。根據麥里梭的說法，如果我們要說某物「真的」處於某個狀態，它就必須永遠處於該狀態，而不會變成任意的其他狀態。因此，當某物「真的」是冰冷的，它必然始終保持冰冷的狀態。然而，我們都知道物品不會永遠保持冰冷，而事物的性質也不會始終如一（除了巴門尼德所言的「真理」以外，這邊的真理指的是一連續且不變的現實）。由以上資訊可推知，世上的事物都只是「似乎」處於某個狀態而已，沒有任何事物可以「真的」處於某個狀態。

◉原子論學派

原子學派於西元前5世紀由留基伯創立，並由他的學生德謨克利特（西元前四六〇～前三七〇年）延續其思想。這一派的人認為，世上的物體皆是由原子和虛空（原子運動的空間）以不同的方式排列組合而成。這樣的想法其實和現代原子的概念相差不遠。原子學派認為，原子是極度微小的粒子（小到無法再被分割），且具有不同的大小、形狀、位置、運動和排列方式，我們眼中所見的世界就是由這些原子相互組合而成。

蘇格拉底

（西元前四六九～前三九九年）

反詰法

❖改變局勢的哲學家

蘇格拉底於西元前四六九年左右出生於希臘的雅典，並於西元前三九九年逝世。與潛心鑽研自然世界的前蘇格拉底哲學家不同，蘇格拉底十分重視人類的經驗。他關注的議題包含個人道德、美好人生要件，以及許多社會和政治相關問題，而這些思想都成為往後西方哲學的根基。然而，雖然蘇格拉底常被視為古往今來最有智慧的人，卻從未提筆寫下自己的想法。因此，我們只能經由他的學生或同時期哲學家的著作來瞭解他的思想，其中又以柏拉圖、色諾芬和亞里斯多芬尼斯的著述為主。

正因如此，加上這些著述的內容大多加入許多虛構細節，或是彼此之間有所衝突，我們很難真正理解蘇格拉底這個人以及他的學說——後人將這樣的現象稱為「蘇格拉底問題」。對於他的生平，我們僅能從他人的描述中得知以下訊息：他的父親是名石匠，母親則是名產婆；他應該有受過基本的希臘教育；他的外表並不是那麼好看（在當時的雅典，長相是十分重要的）；他曾於伯羅奔尼撒戰爭期間於軍中服役；他與一名比自己年輕很多的女子生了3個兒子；他的生活十分窮困；他在投身哲學前可能曾經當過石匠。

雖說我們對於蘇格拉底的生平所知甚少，文獻中卻詳細記載了他過世的細節。蘇格拉底在世時，雅典的勢力逐漸式微。當時的雅典因為在伯羅奔尼撒戰爭中輸給斯巴達而蒙受極大的屈辱，失去身分認同的雅典開始執迷於外貌和財富，並沉浸在過去的榮光中。此時，直言不諱的蘇格拉底因為批評這樣的社會風氣而樹立了不少敵人。西元前三九九年，他因背離宗教信仰與扭曲年輕人思想等指控遭到逮捕，並接受審判。遭判處死刑的蘇格拉底大可以逃離雅典，但他並沒有這麼做，而是毫不猶豫地依命飲毒而亡。

❖蘇格拉底在哲學上的貢獻

「未經審視的生活是不值得過的。」大多數人認為，這句名言正是出自蘇格拉底之口。他相信唯有能夠瞭解自己的人，才能成為一名有智慧的人。對他而言，我們的所作所為與我們是否有智慧之間有直接的關聯。他認為人不應該專注於物質，而應該致力於自我發展。此外，他也試圖找出「表現」得善良和「實際」上善良之間有何區別。而蘇格拉底之所以能從此顛覆整個西方哲學界，正是因為他用如此嶄新且獨特的角度來探討知識、意識和道德等議題。

◉蘇格拉底反詰法

蘇格拉底最為人所知的大概就是他的「蘇格拉底反詰法」了。這個方法首見於柏拉圖所著之《蘇格拉底式對話（Socratic Dialogues）》中，其大致流程如下：蘇格拉底會先和學生針對某一議題進行討論，接著用一系列問題來探究這位學生的信念和觀點背後的形成原因，並藉由這樣的過程來拉近與真相的距離。透過不斷拋出問題，蘇格拉底就能找出學生的思考方式中自相矛盾之處，幫助學生得出紮實穩固的結論。過程中，蘇格拉底會運用所謂的「詰問法」來反駁學生的說法，其詳細步驟如下：

①學生會先向蘇格拉底提出一個想法，而蘇格拉底則會針對此說法進行反駁或提出疑問。舉例來說，他可能會問學生：「你認為勇氣是什麼？」

②待學生回答完問題，蘇格拉底就會試圖舉出與答案相斥的例子，讓學生思考自己的想法不成立的情況。舉例來說，若學生把勇氣定義為「心靈上的忍耐能力」，蘇格拉底可能會如此反駁：「但勇氣是件好事，盲目隱忍卻不是什麼好事吧？」

③學生同意這樣的說法後，蘇格拉底便會修正學生原先的想法，以將此例外包含在內。

④接著，蘇格拉底又會設法反駁此想法，並想辦法證明此想法的反面才是對的。就這樣，學生會不斷地修改自己的答案，而蘇格拉底則不斷進行反駁。經由這樣的過程，學生的答案就能一步步逼近真相。

◉21世紀的蘇格拉底反詰法

時至今日，蘇格拉底反詰法仍然廣受歡迎，尤其是在美國各地的法學院中。通常教授會先要求學生概述某位法官的論點，並詢問學生是否同意這樣的論述。接下來，教授就會故意跟學生唱反調，提出一系列的質問，並讓學生為自己的立場辯護。

蘇格拉底反詰法可以促進學生的批判性思考，讓學生練習運用自己的邏輯和理性來建構論述。同時，也可以使其看清自己論述中的漏洞，並學習如何補足。

Column

說謊者悖論

歐布里德為出身米利都的古希臘哲學家，他在西元前4世紀提出了至今仍被廣泛討論的著名悖論：

「若有人聲稱自己正在說謊，那他說的這句話到底是真的還是假的？」

這是個怎麼回答都不對的問題，因為無論怎麼答總是會出現矛盾。

如果你的回答是「真的」，就代表他在說謊——所以他其實是在說假話。

如果你的回答是「假的」，就代表他沒有說謊——所以他其實是在說真話。

然而，一句話不可能同時既是真的也是假的。

說謊者悖論的重要性遠遠超出剛才的例子，這個悖論對許多現實世界的問題有非常實在的意義。

許多哲學家都曾經試圖用理論來闡述說謊者悖論背後的意義。

說謊者悖論主要可以告訴我們3件事：

①很多矛盾都來自我們對「真假」這兩個概念的信念。

②其實「真理」的概念非常模糊不清。

③語言有時並不是那麼可靠。

說謊者悖論雖符合文法和語意規則，我們卻無法判斷這個句子到底是真是假。有些人甚至藉由說謊者悖論來證明世界是不完整的，因此「全知全能」的事物其實並不存在。而若要真的搞懂說謊者悖論，必須先瞭解其會以哪些不同的變形出現。

簡單型「為假」說謊者

這是說謊者悖論最基本的變形，這類說謊者會說：「這個句子是假的。」

如果他說的是真話，就代表「這個句子是假的」這句話其實是真的。也就是說，說謊者所說的話必然是假的。這時，說謊者同時說了真話和假話，矛盾和悖論就此產生。

然而，如果他說的是假話，就代表「這個句子是假的」這句話其實是假的。也就是說，說謊者所說的話必然是真的。這個時候，說謊者一樣同時說出了真話和假話，矛盾和悖論依然會產生。

簡單型「不為真」說謊者

這種類型的說謊者並不會說自己講的句子是「假的」，而是會用「不是真的」這種說法來製造出悖論。這類說謊者會說的是：「我說的不是真的。」

如同簡單型為假說謊者，若這裡的說謊者所說的不是真的，就代表他說的必然為真；反過來說，如果他所說的是真的，就代表他所說的必然不是真的。

即使他說的非真也非假，同樣表示這句話不是真的。這時候，因為他的確說自己說的不是真的，因此他說的必然是真話。也就是說，一樣會產生自相矛盾的狀況。

◉說謊者循環

我們目前為止所看到的說謊者都會以「我」開頭，例如「我說的不是真的」等等。但即使說謊者在說的不是自己，仍然可以產生矛盾——這就是所謂的「說謊者循環」。

說謊者循環通常具有以下形式：

- 「下一句話是真的。」
- 「前一句話不是真的。」

在這樣的情況下，如果第一句是真的，第二個句子也就是真的；但如果第二個句子是真的，就代表第一個句子不是真的——於是就產生矛盾。反過來說，如果第一句不是真的，第二個句子也就不是真的；但如果第二個句子不是真的，就代表第一個句子是真的——同樣也會產生矛盾。

◉說謊者悖論的解方

從古至今，許多哲學家都會討論到說謊者悖論，因而出現好幾個知名的「解方」，可以幫助我們化解其中的矛盾。

亞瑟・普里爾

哲學家亞瑟・普里爾認為，說謊者悖論根本就不算是一個悖論。對他來說，每個句子其實都隱含「這句話本身是真的」之意。也就是說，「這個句子是假的」這句話本身就等於是在說「這句話是真的，但這句話是假的」一樣。於是，就會產生一個本質上十分單純的矛盾。但因為同一件事不可能同時為真又為假，所以這句話必然是假的。

阿爾弗雷德・塔斯基

哲學家阿爾弗雷德・塔斯基則認為，唯有在「語義封閉」的語言中，才有可能出現說謊者悖論。語義封閉是指這個語言中的句子可以用來聲稱該句子本身是真的（或假的），也可以用來說其他句子是真的

（或假的）。塔斯基認為，要避免產生矛盾就必須將語言區分成不同層級——也就是說，一個句子是真是假，只能由另一更高層次的句子來決定。有了這種階層式結構，就可避免句子聲稱自己是真是假時所產生的矛盾了。在這樣的結構中，階層較高的句子可用來指涉階層較低的句子，但階層較低的句子則不能用來指涉階層較高的句子。

索爾・克里普克

另一名哲學家索爾・克里普克認為，一個句子是否為悖論，其實是由「偶然事實」所決定。克里普克相信，若句子的真假和世界上「可評價」的事實有關，這個句子就是「有根據的」；反之，若句子的真假和世界上「可評價」的事實無關，這個句子就是「沒有根據的」，也就沒有所謂的真假。而說謊者所說的句子（以及其他類似句子）都屬於這種「沒有根據的」句子，因此沒有所謂真假的概念。

喬恩・巴維斯和約翰・艾克曼迪

對巴維斯和艾克曼迪來說，說謊者悖論本身的意義是含糊不清的，因為他們認為「否定」和「否認」是兩種截然不同的概念。如果說謊者說的是「這個句子不是真的」，就是在否定自己所說的話；而如果說謊者說的是「這句話的真實性不成立」，則是在否認自己所說的話。根據巴維斯和艾克曼迪的想法，自我「否定」的說謊者所說的必然是假的，且不會產生任何矛盾；自我「否認」的說謊者所說的則必然是真的，且同樣不會產生任何矛盾。

格雷厄姆・普里斯特

哲學家格雷厄姆・普里斯特支持「雙面真理論」，相信世界上存在真正的矛盾（也就是同時為真也為假的敘述）。基於這樣的主張，支持雙面真理論的人就一定要否定另一知名且廣為接受的原則——「爆炸」原則，其主張我們可以從矛盾中得出任何命題。若不否定爆炸原則，至少應該認同所謂的「瑣碎論」——也就是接受「所有命題都是真的」這個概念。然而，瑣碎論在直覺上通常不成立，所以支持雙面真理論的人一般會選擇否定爆炸原則。

柏拉圖

（西元前四二九～前三四七年）

理型論

❖西方哲學的先驅

約西元前四二九年，柏拉圖出生於希臘的雅典。他的父母屬於希臘的貴族階級，因此他從小就接受許多傑出老師的教學。然而，沒有任何老師對他的影響力比得上蘇格拉底，以及其以辯論和對話為主的教學方式。

柏拉圖後來所撰寫的作品中，也讓我們得以瞭解許多和蘇格拉底有關的事情。

雖然柏拉圖的家人都希望他能夠參政，但兩個事件的發生最終阻止他步上政壇的道路。首先是伯羅奔尼撒戰爭。戰後，他原為獨裁政府成員的親戚因貪汙而遭到罷免；接著是西元前三九九年，蘇格拉底遭新雅典政府處決一事。

自此之後，柏拉圖決心走上哲學的道路，並開始旅遊各地、從事寫作。當時的他前往西西里，並在畢達哥拉斯的門下學習。回到雅典後，他隨即創立了後稱「柏拉圖學院」的學校。在學院中，他與許多志同道合的學者得以討論和教授哲學及數學，而亞里斯多德正是當時柏拉圖的學生之一。

❖對話錄中的柏拉圖哲學

柏拉圖跟蘇格拉底一樣，認為哲學是一種反覆質疑和對話的過程，而他的寫作也反映出這樣的形式。在這些對話錄中，可以看到兩件非常有趣的事。其一，柏拉圖從來不會清楚地寫出自己對某個主題的意見（但如果深入研究文本，還是有機會可以推測出他的立場）；其二，他從不會在對話中加入「柏拉圖」這個角色。他希望讀者能夠在閱讀的過程中形成自己的立場，而非盲目聽從作者的話（此寫作手法也證明了柏拉圖高超的寫作功力）。正因如此，許多對話錄並未提供簡單明瞭的結論，而是留下可供反駁和質疑的空間。

柏拉圖的對話錄涵蓋了各式各樣的主題，包含藝術、劇場、倫理、永生、心靈以及形上學等等。

目前已知，柏拉圖至少寫了36篇對話錄和13封信件（雖然歷史學界對於這些信件的作者是否真為柏拉圖，仍未有定論）。

❖理型論

柏拉圖發展出的理論中，最重要的就是「理型論」。

其中，他主張現實存在於下列2種不同的層級：

①由視覺和聽覺所構成的「可見世界」。

②賦予可見世界生命的「可知世界」（也就是理型的世界）。

舉例來說，當我們看到一幅美麗的畫作時，我們就有了覺知「美」的能力，因為我們對於美有了抽象的概念。因此，美麗的事物之所以被視為美，是因為它們都是「美」這個理型的一部分。可見世界中的事物終究會因改變而失去其美麗，而美的理型則是永恆不變日不可見的。

柏拉圖相信，諸如美麗、勇氣、良善、節制及正義等概念，都存在於理型世界中。這個世界獨立於時空之外，且不受可見世界影響。

雖說理型的概念出現在許多篇對話錄中，但其內涵在不同文本中並不一致，且這些不一致之處不見得能得到完善的解釋。藉由理型論的概念，柏拉圖得以將抽象思考加入擴充知識的方法之列。

❖靈魂三分說

柏拉圖在《理想國（The Republic）》和《費德魯斯篇（Phaedrus）》這2篇赫赫有名的對話錄中都談到了自己對理性和靈魂的看法。根據他的說法，靈魂可以分為「理智」、「激情」和「慾望」3大部分。

①理智：這部分的靈魂負責思考和判別真偽，並做出理性決策。

②激情：這部分的靈魂負責掌管對勝利和榮耀的渴望。在一個公正的靈魂中，激情會讓理性掌舵。而激情若受到挫敗，則會產生憤怒和不公的情緒。

③慾望：這部分的靈魂是人基本慾望和渴望的源頭。舉例來說，飢餓和口渴的感受就源自這裡。而這部分的靈魂中也存在著一些不必要或不正當的衝動，例如：暴飲暴食、過度縱慾等。

柏拉圖先是用公正社會中存在的3種階級來解釋這3大部分，這3種階級分別為「統治者」、「護衛者」和「勞動者」。根據他的說法，理智應該主導我們的決策、激情應該輔佐理智，而慾望則應該服從於理智。若這3大部分間的關係維持得當，就可以實現個人的正義。

同理可證，柏拉圖相信在一個完美的社會中，統治者的階級即是理智的代表。統治者會以哲學思想來領導社會，而整個社會則全心全意地遵從其統治；而護衛者則是激情的代表，隸屬於此階級的士兵會負責確保人民對統治者的服從；最後，勞動者則是慾望的代表，工人和商人等就屬於此階級。

❖教育的重要性

柏拉圖十分重視教育，他認為若要塑造健全的心靈，教育即是最重要的一環。他理解到孩子的心靈是十分脆弱且易於塑形的，並相信應該及早教育孩子，告訴他們要不斷追求智慧及充滿美德的人生。柏拉圖甚至詳細告訴孕婦應該做哪些運動才能生下健康的孩子，以及應該讓孩子時時接觸哪些種類的藝術和運動。

對柏拉圖而言，雅典人貪腐成性，且容易被花言巧語所誘騙。因此，若要將雅典塑造成一公正的社會，則教育必為不可或缺之物。

Column

洞穴寓言

柏拉圖最知名的著作之一──《理想國》中，試圖回答以下2個問題：

「為何人有感知的能力，卻無人察覺到理型的存在？」

「為何真正的知識只能經由哲學思考獲得？」

柏拉圖認為，由感知而得的並非知識，單純是個人的意見而已。

「洞穴寓言」是以蘇格拉底和格勞孔（柏拉圖的哥哥）之間的對話所呈現。這段對話中，蘇格拉底請格勞孔試想一個人們將錯覺誤認為現實的世界，並舉下面的例子來進一步說明。

想像現在有一座洞穴，洞穴中關著幾名囚犯。這些囚犯打從出生起就被關在洞穴中，且無法恣意活動——他們的脖子和腳都被鎖鏈綁著，不能隨意變換姿勢也無法轉身，因此只能看見位於正前方的東西。而位在他們前方的則是一堵石牆。在這群囚犯後方的高處有一火堆，而在火堆和囚犯的中間則有一矮牆，牆上有頭頂著各式物品的人正走動著。火堆所散發出的光，將這些物品投影到囚犯眼前的牆上，而囚犯終生都只能看到這些物品的影子，且只能聽到洞穴中迴盪的回聲。

因為這些囚犯終其一生都只能看到物品的影子，而沒有接觸過物品本身，因此他們就將這些影子誤認為現實了。

舉例來說，如果囚犯看到牆上出現書的影子，他們就會認為自己見過書。他們並不會認為自己所見的是書的影子，因為在他們的現實中，影子的概念並不存在。隨著時間過去，總會有其中一名囚犯認為自己摸透了洞穴中的世界，且可以預知牆上接下來會出現哪些影子，因而受到其他同胞的讚賞。

現在請想像一下，如果其中一名囚犯獲得自由，會發生什

©delcarmat／shutterstock.com

麼事？若此時我們拿一本書給該名囚犯看，他便會認不出那是一本書。因為對他而言，所謂的「書」是一種牆上的影子，而書的錯覺（也就是書的影子）比起書本身來得更加真實。

接著，蘇格拉底繼續設想：如果該名獲釋的囚犯轉身面向火堆，又會發生什麼事？囚犯勢必會因為刺眼的火光而馬上撇開頭，並轉身面向原先灰暗卻看起來更加真實的影子。那如果我們更進一步，強迫這名囚犯走出洞穴，又會發生什麼事？囚犯可能會覺得既憤怒又痛苦，並且因為刺眼的陽光而無法看清眼前的現實。

如果上述故事聽起來莫名耳熟，代表你應該曾經看過這則寓言的改編版本——一九九九年上映的賣座電影《駭客任務（The Matrix）》。

然而，過一陣子後，該名囚犯便會逐漸適應洞穴外的世界，並意識到洞穴中的世界並非現實。他在望向太陽時會意識到，季節、年歲和任何眼睛所見的事物正是因太陽光而得以存在——就連洞穴中囚犯看到的影子也是。此時，這名囚犯已經不再懷念洞穴中的日子，因為他現在知道自己過去的所見所聞都不是真正的現實。接著，他決定回到洞穴中並釋放其他囚犯。回到洞穴中後，他花了好大工夫才重新適應昏暗的環境，而其他囚犯則對於他的適應困難感到十分吃驚，因為對於這些囚犯而言，昏暗的洞穴仍是他們所知的唯一現實。這時，其他囚犯非但沒有稱讚這名囚犯的行為，反而還把他視為笨蛋而不相信他所說的任何一句話，甚至威脅他說如果他釋放了他們，他們就要殺了他。

寓言中，柏拉圖將那些對理型論一無所知的人們喻為捆綁在洞穴中的囚犯，這些人將眼前的表象誤認為現實，因而盲目地活著（也因為他們一無所知，所以過得還挺快樂的）。然而，當真相逐漸浮現在眼前時，這些人卻會因為害怕而不願面對。這時，如果有其中一人勇於面對並持續探求真相，此人就能更瞭解自己所身處的世界，且從此無法回到一無所知的狀態。寓言中獲得釋放的那名囚犯就是以上這位「哲學家」的代表，總是試圖探索表象之外更為遼闊的真相。

根據柏拉圖的說法，當我們用語言溝通時，並非在指稱可見的實物，而是在指稱那些不可見而只能心領神會的東西。就像那名獲釋的囚犯，他在轉身面對真相前都還以為書的影子就是書本身！而我們也可以從書延伸到正義等更加重要的概念。透過柏拉圖的理型論，我們才得以轉過身並直視真相。理型論的核心概念，即由感知得來的並非知識，只是個人意見而已。唯有經由哲學推裡而得的才是真正的知識。

亞里斯多德

（西元前三八四～前三二二年）

三段論

❖智慧始於自我瞭解

亞里斯多德出生於西元前三八四年左右，後世關於他的母親所知甚少，而他的父親據說是馬其頓國王阿明塔斯二世的御用醫生。亞里斯多德的一生中，與馬其頓王室的連結也扮演了十分重要的角色。亞里斯多德的雙親在他小時候便逝世，當他17歲那年，他的監護人便將他送到雅典接受進一步教育。在雅典，亞里斯多德加入了柏拉圖學院，並在柏拉圖的門下學習。在這之後的20年，他都待在學院中，並以學生和同儕的身分與柏拉圖一同進行研究。

柏拉圖於西元前三四七年逝世後，很多人都以為亞里斯多德會接任學院的領導者，但事實並非如此。因為亞里斯多德在柏拉圖生前就對柏拉圖的一些學說持有不同意見（例如不太同意柏拉圖的理型論），所以柏拉圖並未讓亞里斯多德接手學院。

西元前三三八年，亞里斯多德回到馬其頓，並開始擔任當時國王腓力二世13歲兒子的家庭教師，而這個孩子就是後來的亞歷山大大帝。西元前三三五年，亞歷山大大帝正式登基並成功征服雅典。同年，亞里斯多德回到雅典。這時的柏拉圖學院由色諾克拉底執掌，且仍然是雅典城內最興盛的一所學校。不過，亞里斯多德決定創辦一所自己的學校，並將其命名為「萊西姆學院」。

西元前三二三年，亞歷山大大帝過世後，其政府遭到推翻，民間反馬其頓統治的情緒隨之高漲。當時，遭到「褻瀆神明」指控的亞里斯多德只好從雅典逃亡至埃維亞島，直到西元前三二二年去世前都待在該島上。

❖邏輯學

亞里斯多德關注的學科眾多，但他對哲學和西方思想最大的貢獻之一，就是開創了「邏輯學」。

亞里斯多德將學習知識的過程分為3大類，分別為「理論性」、「實踐性」與「生產性」，但邏輯無法被歸類為以上任一類別。因為邏輯其實是用來獲取知識的工具，在開始學習任何知識前都必定會用到邏輯的概念。邏輯可以幫助我們糾出錯誤以及釐清真相。

在《分析學前編（Prior Analytics）》一書中，亞里斯多德首次提出「三段論」的概念，成為邏輯學史上最重要的貢獻之一。三段論是一種邏輯論證方式，可從一系列特定的前提或假設推出最後的結論。

讓我們看看以下這個例子。

- 所有希臘人都是人。
- 所有的人都會死。
- 因此，所有希臘人都會死。

若要進一步拆解三段論的概念，可以用以下公式來總結其運作原理：

- 如果所有的X都是Y，且所有的Y都是Z，則所有的X都是Z。

三段論由3個命題所組成，前2個命題稱為「前提」，而第3個則稱為「結論」。前提又可分為「全稱」（通常會使用「每個」、「全部」及「沒有」等字眼）和「特稱」（可能會使用「有些」等字眼），以及「肯定」和「否定」命題。

亞里斯多德還歸納出幾個建立有效論證必須遵守的規則，例如：

- 至少要有一前提為全稱命題。
- 至少要有一前提為肯定命題。
- 若前提之一為否定命題，則結論必為否定命題。

以下是一個遵守以上規則而得出的論證：

- 所有的狗都不是鳥。
- 所有的鸚鵡都是鳥。
- 因此，所有的狗都不是鸚鵡。

此外，亞里斯多德也相信任何合乎邏輯的思維都適用以下3條法則：

①**同一律**：這個法則是指X永遠都會是X，因為X具有某些既定不變的特質。舉例來說，樹永遠都會是樹，因為樹有樹葉、樹幹和樹枝等既定特質，並不會有樹以外的身分。世界萬物都具有其獨特的性質。

②**無矛盾律**：這個法則是指X不能同時既是X又不是X。一命題不能同時為真也為假，因為這樣就會產生

矛盾。若你先說你昨天有餵貓吃飼料，又說你昨天沒有餵貓吃飼料，就會出現矛盾。

③排中律：這個法則是指一命題要麼為真、要麼為假，不會有灰色地帶存在。此外，這個法則也揭示一命題必為真或假其中之一。若你說你的髮色是金色的，這句話不是真的、就是假的。然而，後來的哲學家和數學家並不全然接受這個法則。

❖形上學

亞里斯多德不認同柏拉圖的理型論，而是以所謂的「形上學」來處理存在本質的問題（但其實亞里斯多德本人從未使用過「形上學」一詞，而是以「第一哲學」來稱呼這門學問）。

如前面章節所述，柏拉圖認為可知世界（由想法和概念所組成）和可見世界（由眼睛可見事物所組成）是截然不同的，而可知世界才是唯一的現實；然而，亞里斯多德則認為，若把世界區分為可知和可見就失去意義了。他相信世界是由物質所構成，而這些物質可以是所謂的「質料」或「形式」，或是兩者的混合物。至於可知的抽象概念則存在於世界上的各種物質之中。

《形上學（Metaphysics）》一書是由後人將亞里斯多德的14本著作整理編纂而成，至今仍被視為哲學史上最偉大的著作之一。亞里斯多德相信，所謂的「知識」是由人的主觀經驗以及從科學和藝術中汲取出的特定事實所積累而成；而與知識相對的「智慧」則是當我們理解了支配萬物的基本原則——也就是最通用的事實——並將其轉換為科學專業時，方能擁有。

亞里斯多德將事物存在背後的原因分為以下4種：

①質料因：用以解釋構成事物的質料。
②形式因：用以解釋事物呈現出的形式。
③動力因：用以解釋事物形成的過程。
④目的因：用以解釋事物存在的目的。

形上學以外的學科，大多都在研究為何事物會表現出某種特定形式。舉例來說，生物學家研究人類作為「生物」這個形式存在的原因，而心理學家則研究人類作為「有意識個體」存在的原因。

然而，形上學並非如此，其研究的是為何一開始世界上會有事物存在。因為如此，形上學常被稱為是研究為何事物會作為「存在」而存在的學科。

❖美德

《倫理學（Ethics）》是亞里斯多德另一本影響甚鉅的著作。根據亞里斯多德的說法，研究倫理學是為了探究生命的意義。他逐漸理解到幸福就是終極的善，而人之所以追求良善的事物，就是為了獲得幸福。對此，亞里斯多德主張通往幸福——也就是人生終極目的——的唯一途徑就是「美德」。

美德有2個必要條件——「抉擇」和「習慣」。不同於快樂和榮耀等其他獲得幸福的方式，當我們做出有德的抉擇時，這個抉擇是來自我們本身的性格，而我們的性格則是由我們過去做出的抉擇所決定。

所謂「有德的抉擇」則是指兩極端選項間的中庸之道。舉例來說，與其對某人冷眼相待或是卑躬屈膝，兩者之間的「友善以待」才是有德的選擇。

對亞里斯多德來說，終極的幸福人生即是理性沉思的人生，而運用人獨有的理性則是最高層次的美德。然而，若要達成如此高層次的美德，得先有適當的社會環境，而這樣的社會環境只能經由適當的政府來達成。

Column

堆垛悖論

「堆垛悖論」同樣是由米利都的哲學家歐布里德所提出的知名悖論，主要在探討「含混性」的概念。「堆垛」這個字是從希臘文「soros」而來，原本的意思就是「堆」。這個悖論的大致內容如下：

請想像眼前有一堆沙——雖然一粒沙並不能形成沙堆，但一百萬粒沙就可以集合成巨大的沙堆了。

①如果你從一百萬粒沙中拿走1粒，眼前仍然會有一堆沙。

②如果你從一百萬粒沙中拿走第2粒沙，眼前還是會有一堆沙。

③如果你從一百萬粒沙中拿走第3粒沙，眼前仍舊會有一堆沙。

不過，如果你繼續從沙堆中取出沙粒，總有一天你眼前所剩下的沙就不足以構成沙堆了。但現在問題來了——剩下的沙是從什麼時候開始不能算是「沙堆」呢？舉例來說，如果500粒沙還算是沙堆的話，499粒沙又算什麼呢？

我們也可以在歐布里德發明的另一個悖論「禿子悖論」中看到堆垛悖論的概念。

禿子悖論的內容大致如下：

①如果有位男子頭上只有1根頭髮，我們就會認為他是個禿子。
②如果只有1根頭髮的男子算是禿子，只有2根頭髮的男子也會是禿子。
③如果只有2根頭髮的男子算是禿子，只有3根頭髮的男子也會是禿子。

若以此類推的話，頭上有一百萬根頭髮的男子也算是禿子。

雖然我們不可能將頭上有一百萬根頭髮的人叫作禿子，但根據以上的邏輯推論的確會導出這樣的結果。現在問題來了——到底有幾根頭髮就不算是禿子呢？

戈特洛布・弗雷格和伯特蘭・羅素這兩位哲學家認為，理想中的語言應該要是非常精準的，但現實中的自然語言其實有一個很大的缺陷——那就是「含混性」。一旦解決含混性的問題，就可以去除掉會造成悖論的模糊術語，進一步解開堆垛悖論的難題。

後來，美國哲學家威拉德・馮・奧曼・蒯因主張，應該將自然語言中的含混性完全去除。這樣一來，雖然我們平常講話的方式需要改變，但隨之而來的簡潔和便利卻是非常值得的。

◉堆垛悖論的可能解方

以下是哲學家常用來處理堆垛悖論的方法：

①否定邏輯可以應用在堆垛悖論中。
②否定堆垛悖論中的某些前提。
③否定堆垛悖論在邏輯上的有效性。
④接受堆垛悖論是合理的。

接下來，就讓我們一一檢視這些方法。

①否定邏輯可以應用在堆垛悖論中

這個方法似乎並不是最佳解方，因為如果要讓邏輯有其意義和作用，其必須能應用在我們平時使用的自然語言上，而不能只侷限在理想的語言。

因此，我們必須找其他方式來避免這些會造成悖論的模糊術語。

②否定堆垛悖論中的某些前提

這個方法是目前最常見的解方。在這裡，邏輯是可以應用在自然語言上的，但堆垛悖論的某些前提卻有問題。

認識論理論

在這個理論中，我們會假設某個條件句是不成立的。此外，堆垛悖論中都會有一個明確的分界點，在這一點之後，原來的謂詞就不再適用，取而代之的則是原先謂詞的否定形。

讓我們再回來看看剛才的禿子悖論：

①如果有位男子頭上只有1根頭髮，我們就會認為他是個禿子。
②如果只有1根頭髮的男子算是禿子，只有2根頭髮的男子也會是禿子。
③如果只有2根頭髮的男子算是禿子，只有3根頭髮的男子也會是禿子。

若以此類推的話，頭上有一百萬根頭髮的男子也算是禿子。

現在，請假設我們拒絕承認第一個前提之外的某個前提。舉例來說，如果分界點是130根頭髮的話，就表示我們會拒絕承認第130個前提——也就是說，雖然有129根頭髮的男子仍然算是禿子，但有130根頭髮的男子卻不會被稱為禿子。

當然，很多人都覺得認識論理論有些奇怪。舉例來說，如果有其中一個條件句不成立，我們怎麼知道是哪個？我們又該上哪找到這樣的資訊？「禿子」這個詞在我們日常使用的情境下才是有意義的，但如果我們並不知道「禿子」的標準到底是什麼，又該如何單憑「禿子」這個詞來找出這個標準呢？

真值間隙理論

另一個叫作「真值間隙」的理論認為，我們無法得知分界點，是因為本來就沒有一個明確的分界點存在。當我們看到某些人時，我們直覺上就會認為他們是禿子，但有些人則直覺上就完全不可能是禿子。然而，這兩組人馬之間還存在著另外一組人，處於「似禿非禿」的模糊地帶。對於這群人來說，「禿子」這個詞就是缺乏定義的。

根據真值間隙理論，一個句子可以是真、是假或者是缺乏定義。因此，堆垛悖論中並非所有前提都為真。然而，這樣的說法也會產生一些問題。

像「現在不是在下雨，就是沒在下雨」這樣的句子，我們通常會視為是邏輯上為真的句子。然而，根據真值間隙理論的說法，如果現在的雨剛好看起來要下不下的，那「現在在下雨」和「現在沒在下雨」這兩個句子就都會缺乏定義，因此都不為真。

超值理論

這個理論的目的，就是解決真值間隙理論中兩極端組之中間組別的問題。在剛剛的禿子一例中，對於那些頭髮較少的男子來說，叫他們「禿子」並不太接近真實情況，但叫他們「禿子」好像也不能完全算錯。因此，在這樣的情況下，似乎就必須交由我們來判斷這個中間值了。

超值理論中，我們會說在禿與不禿間劃上分界線的行為，就是在「銳化」禿子這個詞。雖然含有邊緣案例的簡單句有時並沒有真值，但如果我們將這些句子組合起來，就可以產生真值。此外，超值理論也容許標準的邏輯存在（即使在真值間隙的情況下也是）。

對於銳化的概念，超值理論有以下幾個規則：

- 一個句子唯有在銳化後皆為真時，才為真。
- 一個句子唯有在銳化後皆為假時，才為假。
- 一個句子唯有在銳化後有時為真、有時為假時，才為缺乏定義。

也就是說，根據超值理論的說法，堆垛悖論的部分前提在銳化後有時為真、有時為假，因此某些前提是缺乏定義的。這樣的說法也解釋了為什麼會出現論述有效、但結論錯誤的情形。

然而，超值理論也有其瑕疵存在。

以「現在不是在下雨，就是沒在下雨」這個句子來說，就算下雨和不下雨這兩個事件都不為真，超值理論還是永遠都會將此句判定為真。

如果再回到禿子一例，超值理論會判定「如果你頭上有130根頭髮，你就不是禿子；但如果你的頭髮比

130根少一根，你就是禿子」這句話是假的，卻判定「在你有這麼多頭髮時你不是禿子，但如果你的頭髮比這個數量少一根，你就是禿子」這個句子是真的——這顯然是個大大的矛盾。

③否定堆垛悖論在邏輯上的有效性

這個方法是解決堆垛悖論的第3個選項，主張我們可以接受每個前提、但否定最後的結論。在此，我們並不將句子視為全真或全假，而是某種程度上為真。因此，一個句子的真值就必須由其不同部分所含的真值程度來決定。

④接受堆垛悖論是合理的

最後，還有一個選項就是雙手擁抱堆垛悖論，並接受這個悖論是合理的。如果是這樣的話，我們好像就必須同時接受這個悖論的正向和負向版本。也就是說，我們必須同時承認「沒有人是禿子」和「所有人都是禿子」這兩句話都是真的。此外，我們也必須承認「無論沙子的數量再少，都可以算是沙堆」和「無論沙子的數量再多，都不能算是沙堆」這兩句話都為真。但這樣顯然不太合理，所以要用這個選項就必須設下一些限制——換言之，我們必須接受經典邏輯的想法，否定「禿子」和「堆」這個詞彙，讓它們無法適用於任何句子中。

享樂主義

❖一切都跟快樂和痛苦有關

「享樂主義」一詞其實包括好幾種理論。這些理論雖然各不相同，卻都有一共通之處：快樂和痛苦是唯二重要的元素。

哲學領域中，享樂主義常被視為一種「價值理論」。也就是說，享樂主義主張在任何情況下，快樂對我們來說都是唯一具有內在價值的事物，而痛苦則是唯一沒有價值的。對享樂主義者而言，快樂和痛苦的定義十分廣泛，與許多心理和生理上的現象都有所關聯。

❖享樂主義的起源和歷史

最早的享樂主義運動可以追溯到西元前4世紀。當時，住在昔蘭尼的阿瑞斯提普斯創立了「昔蘭尼學派」，其呼應蘇格拉底「快樂是由道德行為所帶來的結果」此一想法，但同時相信德行本身並沒有內在價值。他們主張快樂才是最高層次的善，其中生理上的快樂又比心理上的快樂更好，而能立即獲得的滿足則比需長時間等待的快樂更為可取。

接著，有另一派截然不同的享樂主義者出現——那就是由伊比鳩魯為首的「伊比鳩魯學派」。雖然伊比鳩魯也認為快樂是終極的善，但他認為快樂並非由立即的滿足而來，而是透過心靈上的平靜和慾望的減少才能達成。根據他的說法，有朋友在旁且可以與之討論哲學的簡樸生活，才是最高層次的快樂。

到中世紀，享樂主義因為和基督教的美德、理想（如虔誠、希望、遠離罪惡和幫助他人等）有所抵觸，而遭到許多基督教哲學家的排斥。即使如此，仍有些哲學家主張享樂主義的確有其價值存在，因為神同樣希望人們能夠快樂。

18到19世紀這段時間，可說是享樂主義的巔峰時期。當時，傑瑞米・邊沁和約翰・史都華・彌爾這兩位哲學家都為幾種不同形式的享樂主義背書，其中包含審慎享樂主義、享樂效益主義和心理享樂主義。

◉價值與審慎享樂主義

哲學領域中，享樂主義通常和價值、幸福這兩概念有關。所謂的「價值享樂主義」主張快樂是唯一具有內在價值的事物，痛苦則是唯一不具內在價值的事物。

價值享樂主義認為，任何事物的價值都應該以其所能提供的快樂作為衡量標準。由此，審慎享樂主義又進一步主張所有形式的快樂都可以改善我們的生活，

哲學用語

內在價值：討論享樂主義時很常使用這個詞。其指事物本身就擁有的價值，與此相對的是「工具價值」。舉例來說，金錢具有的就是工具價值，因為錢只有在用來買東西時才有其價值存在。換句話說，錢並不具有內在價值。相對而言，快樂則具有內在價值。即使這份快樂並不會帶來其他東西，但感受到快樂本身就是一件讓人享受的事。

且唯有快樂能使我們的生活更好；反之，所有形式的痛苦都會讓我們的生活更糟，且只有痛苦會造成這樣的影響。

◉心理享樂主義

「心理享樂主義」又稱「動機享樂主義」，認為我們會有意無意地追求快樂和逃避痛苦，且這樣的想法會影響我們的言行。歷史上，西格蒙德・佛洛伊德、伊比鳩魯、查爾斯・達爾文和約翰・史都華・彌爾等人都曾提出與此類似的概念。

極端的心理享樂主義者認為所有行為的目的都是為了追求快樂和逃避痛苦。但現在這樣的概念已經不太受到當代哲學家歡迎了，因為有許多證據都不支持這樣激進的主張。

舉例來說，我們可能會受責任感驅使，而做出會帶來痛苦的行為。諸如此類的證據讓大多數的哲學家相信，決策背後的動機應該不只是追求快樂和逃避痛苦這麼簡單。

◉規範享樂主義

「規範享樂主義」又稱「倫理享樂主義」，主張我們應該主動追求幸福。這裡的幸福是指「扣除痛苦的快樂程度」。規範享樂主義常被用來佐證那些試圖解釋行為在道德上是否受到允許，以及為何受到允許的理論。

此外，規範享樂主義又可細分成2個不同的理論，而兩者皆是以幸福作為道德的衡量準則。

①享樂利己主義：這個理論認為我們應該以最符合自身利益的方式做出行動，如此就能為自己帶來幸福。我們只需要考慮此行動對自己造成的影響就好，而對他人造成的後果則不需納入考量，同時也沒有任何價值。然而，如此一來我們就必須降低自身對他人感受的敏感度。舉例來說，如果我們是為了自身利益而偷竊，那偷有錢人的東西跟偷窮人的東西之後的感受應該要是一樣的。

②享樂效益主義：這個理論認為，當一行為可以為所有利害關係人帶來最大幸福時，這個行為就是正確的（或是道德上可允許的）。因此，享樂效益主義關心的是所有行動相關人士的幸福（且每個人的幸福都同等重要），而不只是行動者一個人的幸福。根據享樂效益主義，偷窮人的東西在道德上是不受允許的。因為這個行動會為窮人帶來不幸，而偷竊者的幸福感卻只有些許增加而已（而且如果偷竊者心生罪惡感，他的幸福感又會更少）。

雖然享樂效益主義一視同仁的精神聽起來很吸引人，但仍忽略了友情、正義和真理等事物的內在道德價值而受到批評。

試著想像以下情境：在你所居住的小鎮上有個小孩遭到殺害。這時，整座小鎮的居民都認為凶手是你的摯友，只有你知道摯友其實是無辜的。根據享樂效益主義，如果此時殺掉你的摯友是能為鎮上的人帶來最大幸福的唯一方法，你就應該照做。至於真正的凶手是否仍然逍遙法外，對於享樂效益主義來說並非重點，重要的是要殺掉全鎮所認定的嫌犯，如此一來才能帶來最大的總體幸福。

阿維森納

（九八〇～一〇三七年）

十大智慧

❖伊斯蘭黃金時代最具影響力的哲學家

伊本・西那（拉丁名為「阿維森納」）出生於現今的烏茲別克，是一名波斯醫生兼哲學家，也是伊斯蘭黃金時代最重要的人物之一。身為卓越的醫學家，阿維森納所撰寫的醫學著作不僅對伊斯蘭世界造成深遠的影響，其影響力更擴及整個歐洲的醫學界和學術圈。除了在醫學領域的成就，他也撰寫了許多形上學、倫理學和邏輯學等領域的作品，而他對靈魂與存在本質的探討則對西方哲學產生極大影響。

伊斯蘭黃金時代，歐洲還處於宗教教條主義的陰影之下，因此哲學發展十分緩慢。阿維森納身為黃金時代最具代表性的人物之一，不僅引入亞里斯多德的哲學思想，還推動了新柏拉圖主義在伊斯蘭世界的傳播，其著作大大豐富了伊斯蘭世界的哲學思想。

❖形上學

阿維森納認為「本質」和「存在」是相互獨立的——本質先於存在，且永遠都不會改變；存在則純粹是偶然產生的。也就是說，在阿維森納的眼中，萬事萬物的存在都是由其本質所允許的。

阿維森納對於本質的想法，和柏拉圖的理型論有些類似（柏拉圖認為，所有存在的事物均源自一已然存在的原型；而當事物不復存在時，其原型仍會留存）。然而，阿維森納也特別強調，其中唯一的例外即是真主阿拉——祂是唯一先於本質的存在（即「第一實在」）。對此，阿維斯納的解釋如下：真主阿拉是一必然的存有，因此超越了定義的範疇。換言之，若嘗試對真主阿拉下定義，終將導致矛盾。舉例來說，「真主阿拉十分美麗」這句話同時就代表著「真主阿拉並不醜陋」。然而，這樣的定義並不成立，因為無論美醜，萬事萬物都是由真主阿拉所衍生出來的。

❖邏輯學

阿維森納身為虔誠的穆斯林，堅信透過邏輯和理性即可證明上帝的存在，並時常用邏輯學解釋《古蘭經》的經文。他認為，我們可以用邏輯學來評斷透過以下4種理性能力所習得的觀念——預判、回憶、感知及想像。其中，他特別強調想像的重要性，因為想像力讓我們能將嶄新的現象與既有的概念進行比較。

此外，阿維森納也深信邏輯是獲取和發展新知識的重要工具，不僅能幫助我們進行合理的演繹推論，還能協助判斷各種論證的有效性，並促進知識的共享。在他看來，知識的獲得與智慧的完善是通往靈魂救贖的必經之路。

❖知識論與十大智慧

阿維森納的創世論承襲了伊斯蘭知名哲學家法拉比的思想架構。在這一框架下，一切創造都始於所謂的「第一智慧」，第一智慧在反思自身的存在後便衍生出「第二智慧」。第二智慧思考自身與至高無上的上帝的關聯時，便產生「第一靈魂」，進一步催生整個宇宙（稱為「天球之球」）。當天球之球思考並意識到自身存在的潛能，便促進物質的生成。這些物質將填滿宇宙，並造出所謂的「行星天球」。

在這樣的三重反思過程中，早期的存在狀態就此產生。隨著這個過程的進展，不斷湧現的新智慧促成了天界的2個不同階層——分別是阿維森納稱為「宏偉天使」的下層體系，以及稱為「智天使」的上層體系。阿維森納認為，雖然這些天使會賦予人類對未來的啟示，但祂們本身並沒有感官知覺。然而，這些天使擁有強大的想像力，使祂們渴望自身的根源——也就是「智慧」。而天使對於自身本源之智慧的追求，則在天界中引發永恆的運動。

以下的7個智慧以及由其衍生的天使，分別可以對應到行星天球中的不同天體，包括木星、火星、土星、金星、水星、太陽及月亮。其中，月亮所對應的即是有「大天使」之稱的天使加百列。而在阿維森納的宇宙觀中，人類是由第九智慧所衍生出來，具有天使所不具備的感官知覺。

阿維森納認為人類智慧即是「第十智慧」，這也是最終的智慧層級。他認為人的心智原本並不適合進行抽象思考，只是具有實現智慧的潛力而已。這些潛力需要透過天使的啟示才得以激發，而每個人所獲得的啟示在程度上也會有些不同。舉例來說，先知所獲得的就是極高程度的啟示，因此他們擁有高度的理性智慧和想像力，且能夠向他人傳遞神諭；至於普通人所得到的啟示，則僅足以作為教書、寫作或制定法律之用；而有些人所得的啟示程度則更低。在此我們可以看到，阿維森納眼中的人類是具有所謂「集體潛意識」的。

❖阿維森納的懸浮人

為了證明靈魂具有自我意識且並非物質，阿維森納提出一項著名的思想實驗，稱為「懸浮人」。在這個實驗中，他邀請讀者想像自己正被懸浮於空中，完全與感官世界隔絕（也就是說，會連自己的身體都感受不到）。

阿維森納認為，即使是在這種徹底與感官世界隔離的狀態下，人仍然會保有自我意識。在他眼中，如果我們在與感官經驗完全隔離的情況下仍能確認自己的存在，就證明靈魂是一種與身體互相獨立的非物質存在。此外，他進一步主張，既然我們可以想像出這樣的情境，就表示我們是透過智慧來感知靈魂的。

除此之外，阿維森納也認為我們的理性與感官會在大腦進行交流。在剛剛的思想實驗中，這個懸浮人首先會意識到「我存在」這件事，這也確立了其存在的本質——由於這種自我認知是在感官經驗完全隔離的情況下形成，所以其本質不可能源於身體。因此，人的核心即是「我存在」的認知，而這樣的認知不僅證實了靈魂的存在，更展現出靈魂是擁有自我意識的。由此，阿維森納得出以下結論——靈魂不僅是一種非物質實體，更是一種完美的存在。

阿奎那（一二二五～一二七四年）

五路論證

❖哲學與宗教

約一二二五年，湯瑪斯・阿奎那出生於義大利的倫巴底，為泰亞諾伯爵夫人之子。阿奎那年僅5歲時就被送到卡西諾山上的本篤會修道院，直到13歲為止都跟著裡面的修士一同學習。在他13歲那年，卡西諾山因為政治上的動盪而淪為戰場，阿奎那也因此被迫離開。

在這之後，阿奎那被送到那不勒斯，在和那不勒斯大學有密切聯繫的本篤會修道院繼續進修。於是，接下來的5年內，他都在這裡研讀亞里斯多德的著作，更對當時的修道組織產生了濃厚的興趣。其中，他特別受修士屬靈的生活所吸引，這和他過去在卡西諾山上看到的傳統隱居修道生活截然不同。

約一二三九年，阿奎那進入那不勒斯大學就讀。他在一二四三年前偷偷加入道明會，並於一二四四年收到他的修道服。阿奎那的家人發現後，決定劫持並監禁他長達1年之久，以讓他意識到自己已誤入歧途。然而，這一切都可說是徒勞無功，因為當他們在一二四五年釋放阿奎那之後，他馬上又回到道明會的行列之中。一二四五到一二五二年間，阿奎那分別在那不勒斯、巴黎和科隆（阿奎那於一九五〇年在此接受聖職）這幾座城市和道明會修士一同進修，最後回到巴黎，在巴黎大學擔任神學教授一職。

在那個年代，天主教教會掌握了莫大的權力，而哲學和宗教的概念則產生衝突。此時，正是由阿奎那化解其中的不協調之處，將信仰和理性合而為一。他相信任何知識——無論是由觀察自然還是研究宗教而得——都是上帝所賜予，因此必定可以和諧共存。

❖上帝存在的證明

阿奎那一生中完成了數量驚人的哲學著作，其主題涵蓋甚廣，從自然哲學和亞里斯多德的學說，到神學和聖經的內容都有所觸及。其中，《神學大全（Summa Theologiae）》是他最龐大也最知名的作品，最能細細品味阿奎那哲學思想的一本書。他從一二六五年就動筆撰寫此書，並持續寫到一二七四年過世為止。

《神學大全》總共分為3部分，每個部分又可以再細分為數冊。而他最為人所知的「五路論證」，正是收錄於書中的第一部分。其中，阿奎那逐步證明上帝是真實存在的。

首先，他承認哲學在推廣人們對神的認識並非必要條件，但哲學的確對於研究神學有所助益。

接著，他試圖找出以下問題的解答：

①上帝的存在是不證自明的嗎？
②上帝的存在是可以證明的嗎？
③上帝真的存在嗎？

接下來，阿奎那提出5項上帝存在的證據，其中融合了神學、理性思考和自然觀察的概念。

第一路　原動不動者論證

世界上有許多會移動的事物，這些事物一開始都是被另一移動中的物體推動的，而此物體最初也是受其他移動中的物體所推動，依此類推。然而，我們不可能一直往前類推，因為這樣就永遠找不到最初推動其他物體的是誰（這麼一來就無法解釋後續相互推動的過程）。因此，世界上必定存在著一個自身不動、卻可以推動其他物體的「原動不動者」——那就是上帝。

第二路　第一因論證

一切事物都是由其他事物所造成，沒有任何事物會自己憑空出現；而造成某事物的原因，也必然是由其他事物所造成，而其原因又會是另一事物。然而，我們同樣不能一直往前類推，因為若沒有一個最初的「因」，就不會有後來的「果」。因此，世上必然存在不因他者而存在的「第一因」——那就是上帝。

第三路　偶然性論證

大自然中，我們常可見到事物的生成和衰敗。然而，所有事物必然是由已存在的事物所生成。而如果有一事物的存在僅為偶然（即有不存在的可能），其過去就不會存在，現在自然也不會存在。因此，世上必然有一不仰賴其他存在便可以自行存在的事物——那就是上帝。

第四路　程度論證

世界萬物都具有程度不一的某種特質。舉例來說，有些事物比較好，而有些事物則沒那麼好；有些事物比較尊貴，有些事物則沒那麼尊貴。這些不同的「程度」都是和一具有最高程度的事物——例如最好或是最尊貴的事物——比較而得來。根據亞里斯多德的說法，最高層次的存在就是最真實的存在（也就是具有最高程度的事物）。因此，我們在事物身上所看到不同程度的「完美」必然有其原因，也就是完美的最高程度——那就是上帝。

第五路　目的論論證

大自然中，所有不具生命或智慧的事物都會朝某一目的前進，即使其毫無知覺也一樣。舉例來說，這些事物並不會意識到食物鏈的存在，或是感覺器官的運作過程等等。即使其本身毫無察覺，仍會根據一規劃好的特定目的在運行。因此，世上必然有一個充滿智慧，且能引導這些事物朝目標前進的存在——那就是上帝。

❖倫理和樞德

《神學大全》的第二部分中，阿奎那以亞里斯多德的哲學為基礎，建構出一套倫理系統。他跟亞里斯多德一樣，都相信嘗試達成最高層次目標的人生，才算得上是好的人生。此外，阿奎那同樣常常談及倫理相關的問題。

對他來說，有4項「樞德」是所有德行的源頭——正義、智慧、勇氣和節制。

根據阿奎那的說法，雖然這幾項德行可說是道德生活的楷模，卻不足以讓我們達成全然的自我實現。亞里斯多德心目中的最高層次目標即是「幸福」，而唯有德行可以通往真正的幸福；另一方面，阿奎那所認定的最高層次目標則是「永恆的幸福」，且僅能透過在死後與上帝結合來實現。而在生活中處處實踐「樞德」，則是通往自我實現的唯一途徑。

阿奎那將幸福分為2類。一類是永恆的幸福，唯有在死後才能獲得；而另一類則是不完美的幸福，是在生前就可以達成的。這是因為永恆的幸福即是與上帝合而為一，而我們在生前無法知悉上帝的一切，因此只能達到不完美的幸福。

❖阿奎那的影響力

阿奎那對西方哲學的影響可說是無遠弗屆。

在他那個年代，天主教教會受柏拉圖的影響極深，而對亞里斯多德則是嗤之以鼻。然而，阿奎那早早便察覺到亞里斯多德的重要性，並將其哲學思想融入天主教教義中，從此賦予西方哲學截然不同的樣貌。

一八七九年，教宗良十三世正式將阿奎那的思想納入教會的官方教義中。

Column

電車難題

現在，請你想像一下以下情境。

有一輛有軌電車行駛在一陡峭山坡上。然而，此電車的煞車不幸失靈了，駕駛眼看著其沿軌道往地面疾駛，卻束手無策。同時，你正站在電車軌道附近的半山腰上，目睹這一切發生。這時候，你看到電車即將駛過的軌道上正站著5名工人——如果你只是袖手旁觀的話，這5名工人必死無疑。

此時，你發現你手邊有一個拉桿，拉下拉桿就可以讓電車切換到另一軌道上。然而，你又看到另一條軌道上也站著1個人。換句話說，若你成功讓電車切換軌道，雖然可以拯救5名工人的性命，卻會犧牲另一軌道上的1人。那麼，你會選擇怎麼做呢？

再讓我們想像一下以下情境。

你正站在一座橋上，看著失控的電車往山腳下疾駛。這時候，電車即將行經的軌道上站著5名必死無疑的工人，且這次你手邊沒有可以切換電車軌道的拉桿。然而，你知道電車必定會先經過你所在的橋底下，若這時把一重物丟到電車的前方，就可以阻止其行進。而這時候，你旁邊恰好站著一名體態臃腫的男人——也就是說，要阻止電車行進並拯救那5名工人的唯一方法，就是犧牲這個胖男人，把他推到橋下的軌道上。這時候，你又會選擇怎麼做？

以上就是至今仍廣受討論的「電車難題」。

一九六七年，英國哲學家菲利帕・福特首先提出這個難題，後來美國哲學家朱迪斯・賈維斯・湯姆遜又將其進一步延伸。

◉後果論

電車難題可說是用來反駁「後果論」的最佳例證。後果論是一種哲學上的觀點，主張若某行為可以帶來最佳後果，那該行為在道德上就是正確的。後果論有2大基本原則：

①一行為的正確與否，完全取決於其後果。

②一行為能帶來的後果愈正面，就表示該行為在道德上愈正確。

後果論告訴我們，應該盡可能帶來正向後果。這樣的想法不但可以作為我們的生活方針之一，也可以幫助我們在面臨兩難時做出抉擇——也就是說，必須選擇可以帶來最正向後果的一方。儘管如此，後果論還是受到不少批評。

首先，事實證明我們其實很難預期行為的後果。例如：要如何判斷一後果在道德上是否合宜？判斷標準要基於我們個人的預測，還是後來實際發生的情況？此外，我們也很難測量這些不同後果在道德上「正確」的程度，更別說進行比較了。若是根據享樂主義（享樂主義也算是後果論的分支之一）的說法，一後果在道德上有多正確，應取決於其帶來的快樂程度有多少；但若採取效益主義（效益主義同樣也是後果論的另一分支）的觀點，一後果在道德上的正確程度應該由群體內所有人的福祉來決定。

電車難題中，我們就可以清楚看到後果論是如何分崩離析的。

第一個情境中，有些支持效益主義的人認為，拉下拉桿在道德上是比較好的選擇。然而，另一群支持效益主義的人則主張，在道德上已然不正確的這個情境下，若拉下拉桿就代表必須為部分的傷亡負責任，因而在道德上也是不正確的；反過來說，若不拉下拉桿就不需要負起這樣的責任了。

而在第二個情境中，很多先前選擇拉下拉桿的人，都表示不願意將那個胖男人推下橋。也就是說，雖然兩個情境造成的後果並無二致（都是為了拯救5人而犧牲1人），但就道德層面而言，拉下拉桿跟把人推下橋似乎還是有些不太一樣。

◉雙重效果論

其實，電車難題原本是從一叫作「雙重效果論」的原則延伸而來。這個原則是由湯瑪斯・阿奎那所提出，其中心概念為——即使行為可能造成道德上不正確的後果，在某些情況下該行為仍然可以是道德上被允許的。通常我們事先就可以預期這種負面的後果，就像在電車難題中，我們早就知道拉下拉桿會需要犧牲某人的性命一樣。

現在，若我們認為傷害他人是不道德的，且我們可以預期自己行為的後果會傷害到別人，那選擇拉下拉桿在道德層面上是否就是不正確的呢？

根據雙重效果論，若達成以下幾項條件，我們就可以在已知某行為會有負面後果的情形下，仍在道德範疇內做出該行為。

①目的必須是為了行為的正面後果：絕對不可以把行為的正面後果當成導致負面後果的藉口。換句話說，我們做出該行為的目的不能是希望負面後果發生。

②行為本身必須是道德上正確（或中性）的，而絕不能是道德上錯誤的：若暫且不論行為的後果是正面還是負面，行為本身也絕對不可以是負面的。

③正面後果必須由行為直接產生，而非由其負面後果間接產生：道德上正確的後果不能是在行為先導致負面後果之後，才因此而間接產生。

④負面後果絕對不能大於正面後果：即使行為本身立意良善，但如果行為所導致的負面後果遠大於其產生的正面後果，這項條件就無法成立。

現實生活中，雙重效果論最常見的例子就是自衛殺人。若某人因受到攻擊而殺掉對方，這樣的行為在道德層面上是可允許的，因為行為所產生的正面後果大於可預期的負面後果（也就是殺掉對方）。然而，後果論的擁護者並不贊同雙重效果論。因為在後果論中，行為者的意圖並不重要，行為的結果才是重點。

時至今日，許多哲學家仍然持續在討論電車難題中所隱含的道德議題。

實在論

❖討論共相的理論

所謂的「實在論」，就是主張共相獨立存在於心靈和語言之外的哲學理論。

「共相」這個概念是由柏拉圖提出，指世界上那些共通且重複出現的特質。共相通常可以分成2類，分別為「性質」（如：方正）和「特性」（如：相似性）。雖然這些性質和特性為數不多（也可能完全不存在），但所有事物的身上都有其影子。實在論者認為，這些共相展現了大自然的共通性，為世界帶來系統和秩序。

也就是說，根據實在論，一顆紅蘋果和紅櫻桃都具有「紅」這個共通的特質。實在論者主張即使是在無人感知到的狀況下，「紅」這個性質依然持續存在。在以上例子中，「蘋果」和「櫻桃」則是所謂的「殊相」。換句話說，「蘋果」和「櫻桃」的概念本身並非共相，而是用來代表這兩種水果的用語。

❖實在論的類別

實在論又可分為許多不同的類別，分別涵蓋道德、政治、宗教、科學和形上學等主題。

以下是其中最為著名的2種：

①**極端實在論**：由柏拉圖提出，是歷史最悠久的一種實在論。對柏拉圖而言，共相（他稱之為「理型」）並非物質性的，且其存在獨立於時空之外。

②**強實在論**：這類實在論並不認同柏拉圖的理型概念，認為共相不但存在於時空之中，甚至還可以同時存在於多個實體。也就是說，蘋果和櫻桃的「紅」其實是同樣的「紅」，這種紅在所有實體上都是一樣的。

「共相問題」指的是討論共相存在與否的問題，而實在論就是在試圖為其找到解答。

❖反對實在論的聲浪

哲學領域中，實在論是一個廣受討論的主題。雖然有許多反對實在論的聲音，但這些論述都無法完全推翻實在論，也無法用來否定共相的存在。

◉反常論證

一名叫作伯特蘭・羅素的哲學家提出了所謂的「反常論證」，其論述方式如下：

・**前提1**：共相本身即是極度反常的實體（畢竟其本質和存在都十分奇特且難以辨別）。

- **前提2**：若共相是極度反常的實體，就必定不存在。
- **前提3**：若共相不存在，實在論就不成立。
- **結論**：因此，實在論不成立。

《哲學問題（The Problems of Philosophy）》一書中，羅素認為「愛丁堡位於倫敦北邊」這種地點之間的關係，雖然看似獨立於人類感知而存在，但其實有辦法被反駁。支持「反實在論」的哲學家認為，在我們心靈可以感知的範圍之外什麼都沒有；就算真的有，也是我們無法觸及的事物。這些反實在論者主張，共相和實體物品、殊相的存在有著根本意義上的不同。

對我們而言，說出「倫敦」這座城市存在的時間和空間是輕而易舉的，只要描述其座落於地球上的哪個位置，以及建立和毀滅的時間就好。然而，要說出「位於北邊」這種關係存在的時空則是比登天還難，因為這個實體在時空中並不存在。因此，前提1說共相是一種十分反常的實體可說是合情合理。接著，前提2說明因為共相十分反常（因為其並不存在於任何時間和空間中），因此共相必定不存在。我們無法定位共相在時空中的所在，否定其存在也是非常合理的。最後，前提3說明若共相並不存在，那主張其存在的實在論也就不成立了。就這樣，前提3否定了實在論的想法。

反常論證在邏輯上非常合理，因此乍看之下能完美推翻實在論的主張。然而，若我們進一步分析此論述對「存在」的定義，就會發現其實有許多漏洞存在，而其中最嚴重的就是從前提1到前提2之間的邏輯跳躍。

雖然共相可能真的有些反常，因為其並不存在於時空的領域之中，但這並不代表共相完全不存在。把時空上的存在視為唯一一種存在形式，這看似十分合理，卻並非正確看法。實體物品、想法、情緒等的確「存在」，而共相則可以說是處於「潛存」的狀態。羅素認為共相並不能說是存在，而是潛存。也就是說，共相獨立於時空而存在，因為其是歷久不衰且永恆不變的。

總而言之，雖然共相的存在有些反常，但它們的確是存在的。

◉個體化問題

另一個反對實在論的論證稱為「個體化問題」，其論述方式如下：

- **前提1**：若實在論為真，共相就必然存在。
- **前提2**：若共相存在，就可以將共相個體化。
- **前提3**：共相的個體化是不可能達成的。
- **結論**：因此，實在論不成立。

將共相「個體化」指的就是找出可以界定此共相本質的準則。換句話說，如果要將共相個體化，就必須找出對此共相的形式必為真且非循環性的陳述。

前提1十分單純，只是將實在論的概念重述一次。而前提2則主張如果共相真的存在，我們就一定可以理解其形式（就像我們可以透過確認X和Y有相同的因果關係，來釐清X跟Y是同一事件）。然而，當我們試著個體化共相，就會產生循環論證的問題，因此可證明前提3為真。

個體化問題也和反常論證一樣，在邏輯上十分合理，卻存在著漏洞——也許共相是可以被個體化的，只是我們尚未找到描述其形式的方法。除非個體化問題可以證明共相在未來也無法被個體化，而不只是主張其在過去尚未被個體化，否則這個邏輯漏洞始終都會存在。

唯名論

❖拒絕接受特定的元素

哲學領域中，「唯名論」一詞其實有2種不同的涵義。其中，較為傳統的唯名論觀點起源於中世紀，其核心概念即是在反對「共相」的存在（意即能被多個不同事物共同表現出來的實體）；另一種較為現代的唯名論則是在反對「抽象客體」的存在，意即那些不存在於時間和空間中的客體。

因此，唯名論常常被視為與實在論（主張共相是真實存在的）和柏拉圖主義（主張抽象客體是真實存在的）對立的觀點。此外，有些人可能會只支持其中一種唯名論，而反對另一種。

但無論是哪一種唯名論，其實都會牽涉到「反實在論」的想法，因為唯名論的本質即是在反對共相或抽象客體的存在。換句話說，就是否認了它們的實在。

在進一步解說唯名論前，我們先來瞭解這兩個相關哲學名詞。

◉抽象客體

「抽象客體」一詞並沒有明確定義，但大多人心目中的抽象客體，即是指「不處於空間或時間中，且不具有因果效應的實體」（通常認為只有存在於時空中的實體，才能是因果關係中的一環）。

然而，這個說法是有瑕疵的。舉例來說，雖然語言和遊戲是抽象的，但它們仍然具有時間性（因為語言會隨著時間而變遷和進化，且不同語言出現的時期也不同）。雖然哲學家也嘗試提出其他解釋方式，但目前為止唯名論者大多還是使用以上定義來進行討論。

◉共相

唯名論者區分出「共相」和「殊相」兩種截然不同的概念。根據他們的定義，所謂「共相」就是指那些能被多種事物體現（即透過具體事物來展現）出來的概念或特質。除此之外的其他事物，則統稱為「殊相」。

雖然共相和殊相都能體現在某個實體上，但只有共相可以一次體現在多個實體身上。舉例來說，我們無法用另一事物體現某個「紅色物體」，但如果是以「紅色」這個概念來說，任何紅色物體都可以算是其體現。

實在論者則認為，性質（如：紅色）、類別（如：物質、黃金）以及關係（如：在兩者之間）都屬於共相的一種。而較為傳統的共相唯名論者則完全不認同共相的概念。

在討論共相或抽象客體時，唯名論者通常會採取以下2種方法：

①完全否定抽象客體或共相的存在。

②承認抽象客體或共相的存在，但主張其並不是以具體形式獨立存在。

❖共相唯名論

支持共相唯名論的學者認為，世界上真正存在的只有「殊相」而已。為了解釋關係和屬性等概念的存在，哲學界主要提出2種策略——其一是全然否認這些實體的存在；其二則是承認這些實體的存在，但否認它們是共相這件事。

◉殊性理論

在剛剛所說的第2種策略中，「殊性理論」是一個廣受推崇的論點。此理論承認「性質」的存在，認為性質是一種叫作「殊性」的特殊實體。然而，這種殊性仍然屬於殊相的一種，就像一顆桃子或一根香蕉都是其自身的殊相一樣。也就是說，香蕉的「黃」並不是一種共相，而是一種專屬於這根香蕉的黃色。換句話說，這種黃是由這根香蕉所擁有的「殊性」，而不是「黃」這種共相的具體實例。

◉概念唯名論與述詞唯名論

共相唯名論中，還有2種不同流派——分別為「概念唯名論」（又稱「概念論」）與「述詞唯名論」。概念唯名論主張，「黃」這個實體本身是不存在的——我們之所以會認為香蕉是黃的，只是因為香蕉和「黃」這個概念相互契合罷了。同樣地，述詞唯名論認為，我們之所以會認為香蕉是黃色的，只是因為大家都把「黃色的」這個述詞套用在香蕉身上而已。也就是說，「黃」並不是獨立存在的實體，只是我們將「黃色的」這個述詞拿來應用在事物身上而已。

◉分體唯名論與類別唯名論

「分體唯名論」是共相唯名論的另一種流派。支持分體唯名論的學者認為，「黃」這種性質就等於是所有黃色實體的總和。換句話說，有些實體之所以是黃色的，是因其屬於所有黃色事物之總和中的一部分。而「類別唯名論」則認為性質可被視為一種類別，也就是說，由黃色物品所組成的類別就等同於黃色這個性質。

◉相似唯名論

相似唯名論認為，黃色的事物之所以會相似，並不是因為它們都是黃色的。其實應該反過來才對——因為這些事物彼此都十分相似，我們才會認為它們是黃色的。換句話說，在相似唯名論者的眼中，當我們說一根香蕉是黃色的，其實是在說其跟其他黃色物體之間存在著相似性。因此，要將某些事物歸類為同一類別，就必須滿足一定的相似標準。

❖抽象客體唯名論

跟抽象客體有關的唯名論主要分為2大類——「命題唯名論」及「可能世界唯名論」。

◉命題唯名論

在命題唯名論的框架下，我們將實體分為「無結構」和「有結構」2種。無結構的命題被視為可能世界的集合，而在這些世界裡，函數有「真」的價值（幫忙論證此命題為真），也有「假」的價值（幫忙論證此命題為假）。

命題唯名論的其中一支認為，與命題有關的角色其實是由具體的客體所扮演。這個理論與「用句子表示命題」的概念息息相關。著名哲學家威拉德・馮・奧曼・蒯因認為，那些在任何情境下真值都不變的「永恆句子」比較適合作為真理的載體，因為其不受地點、時間和說話者等因素影響。然而，對唯名論者而言，這樣的觀點會引出另外一個問題，因為「永恆句子」的概念本身即屬於抽象客體的範疇。

◉語義功能論

這是命題唯名論的另外一個支派，否認命題的存在，以及所有扮演理論角色之實體的存在。依據這個觀點，有命題存在其中的句子，雖然可能看似為真，但有可能實際上是假的。然而，即使句子因為不具命題而為假，還是可以作為輔助描述的工具使用。這種描述性的工具使得人們能夠清晰地表達自己的意圖，並有助於呈現世界的結構。

◉可能世界唯名論

「可能世界」的概念在哲學界有著廣泛的討論，主張我們所處的世界僅僅是眾多可能世界中的其中一個，並以此來解釋現實的多樣性。而唯名論者可能會認為，所謂的可能世界是不存在的，或者說可能世界並不是一種抽象的客體。

其中一種唯名論觀點認為，不是所有可能的世界都存在，只有那些「實際的可能世界」才真的存在。所謂「實際的可能世界」是指空間和時間中存在之客體的總和，這些物體之間彼此相關，實際上也就等同於具體事物的總和。

另外一種唯名論觀點認為，可能發生的事件是各種元素（包含共相和殊相）的總和。根據這個觀點，那些以共相為性質的事態，其實是由共相和殊相所組合而成；至於那些以共相為關係的事態，則是由共相和某些殊相所結合而成。換句話說，共相和殊相之間會以許多不同的方式相互結合，而組合方式就會決定最後是否會得到實現。

培根（一五六一～一六二六年）

四大偶像

❖一改後世科學視角的哲學家

法蘭西斯・培根可說是文藝復興時期最重要的哲學家之一，對自然哲學和科學方法都有極大貢獻。

一五六一年一月二十二日，培根出生於英國倫敦。培根是家中年紀最小的孩子，他的父親尼古拉・培根爵士是當時女王的掌璽大臣，而他的母親安妮・庫克・培根則是愛德華六世的家教老師所生的女兒。

一五七三年，當時年僅11歲的培根開始於劍橋大學三一學院就讀。一五七五年，他從劍橋畢業，並在隔年進入法學院就讀。過不久，他就發現這裡的學風對他來說太過古板。當時，他的幾位老師都是亞里斯多德學說的擁護者，培根卻對因文藝復興而席捲歐洲的人文主義思潮更加感興趣。離開學院後，培根當上英國駐法使館的外交事務祕書。一五七九年，在他父親去世後，培根便回到倫敦重拾學業，並於一五八二年成功取得法律學位。

一五八四年，培根當選多塞特郡梅爾科姆的國會議員，並在接下來的36年間都持續在下議院服務。後來，他在詹姆士一世在任期間當上大法官，也就是當時最高的官位。然而，正當培根的政治生涯攀上高峰時，卻因為捲入醜聞而被迫終止，間接促使他轉而踏入哲學的領域中。

一六二一年，身為大法官的培根因遭指控收賄而被捕，他在認罪後遭罰4萬英鎊並被囚禁於倫敦塔內。雖然後來他的罰金得到豁免，且只需在牢中待上4天，但他冉也不得擔任官職，也不得進入議會。也就是說，他的政治生涯正式結束了。

此時，培根下定決心將他的餘生（距離他逝世還有5年的時間）都奉獻給哲學。

❖四大偶像

培根最為人所知的，大概就是他在自然哲學領域的貢獻了。他與柏拉圖（主張知識可以由研究詞語的意義和內容而得）與亞里斯多德（強調實徵數據的重要性）的不同之處在於，培根十分重視觀察、實驗和交互作用，並且致力開發出一套可以用實際證據來解釋科學現象的方法。

在此之前，學院派哲學家大多十分認同亞里斯多德的思想。然而，培根認為亞里斯多德的學說會剝奪人們獨立思考以及理解大自然的能力。此外，他相信科學發展可以改善人的生活品質，不應該過於仰賴古代哲學家的思想。培根對於當代的哲學思想已不抱任何幻想，甚至還把當代人的思考方式分為4種不同的錯誤知識，並將這些知識稱為「偶像」。以下是他所分出的四大偶像：

①種族偶像：從人類共有的天性中衍生出的錯誤概念。舉例來說，人性會讓我們不斷追求可以支持自己論述的證據，且會讓我們試圖用特定模式來解釋所有事情，更會讓我們的信念受到情緒的影響。

②**洞穴偶像**：因我們個人的性格和特質而形成的特定詮釋方式。舉例來說，有些人偏好相似之處，而有些人則偏好相異之處；另一些人則會偏愛那些可以支持自己先前結論的想法。

③**市場偶像**：因為用語言和文字與彼此溝通而產生的錯誤概念。舉例來說，同一個字可能有許多不同意思，且人總是有辦法想像出不存在的事物並為其命名。

④**劇場偶像**：培根認為哲學和戲劇其實相差無幾。對他來說，像亞里斯多德那樣的詭辯哲學，比起自然世界更加關注巧妙但愚蠢的論辯；經驗主義哲學則只專注於一小部分的實驗，卻忽略其他許多可能性；而迷信哲學（指奠基於宗教和迷信的哲學思想）則敗壞了哲學的風氣。對培根而言，迷信哲學可說是所有錯誤概念中最糟糕的一種。

❖歸納法

培根對當代哲學充滿批判，相信真正的知識要積極追尋方能取得，因此發明了一套非常有系統的求知法，而這也成為他對哲學界最具影響力的貢獻。在《新工具（Novum Organum）》一書中，他詳細說明了這個又被稱為科學方法的「歸納法」。

歸納法融合了對自然的細心觀察以及系統性的資料收集。亞里斯多德等人所使用的演繹法，通常會以一個以上的真命題（又稱「公理」）作為開頭，接著試圖以此證明其他命題也是真的；而歸納法則是先從觀察大自然開始，試著找出其運作背後的法則或理論。簡單來說，演繹法用的是邏輯，而歸納法用的是大自然。

在培根的著作中，他不斷強調實驗的重要性，並認為實驗過程應該被詳實記錄下來。這樣一來，實驗結果才會可信，且可以接受他人的重複驗證。

歸納法的步驟如下：

①詳細觀察你想研究的現象，並將觀察到的特定情境記錄下來。

②當紀錄累積到一定數量後，將這些情境分成以下3類：該現象存在時的情況、不存在時的情況、以各種程度存在時的情況。

③仔細檢視你的分類，排除那些和現象出現與否無關的情境，並找出可能導致該現象出現的原因。

笛卡兒（一五九六～一六五〇年）

心物二元論

❖我思故我在

勒內・笛卡兒可說是許多人心目中的「當代哲學之父」。一五九六年，他出生於法國一座名叫拉雅的小鎮。他的母親在他出生後1年內便不幸驟逝，他的父親則是一名貴族，十分重視孩子的教育。笛卡兒8歲那年，被送到一所耶穌會的寄宿學校就讀，因而逐漸熟習邏輯學、修辭學、形上學、天文學、音樂學、倫理學和自然哲學等學科。

22歲那年，笛卡兒於普瓦捷大學取得法律學位（有人認為此時的他曾經受精神崩潰所苦）。爾後，他決心繼續攻讀神學和醫學，卻在不久後放棄這兩條路——據他所說，此時的他更想挖掘自身和世界上所存在的知識。他加入軍隊後，在跟隨軍隊四處奔走的同時，也會在閒暇時間自學數學。其後，他與著名的哲學家兼數學家艾薩克・貝克曼結識，當時的貝克曼正努力建立可以連結物理學和數學這兩門學科的方法論。

一六一九年十一月十日的晚上，笛卡兒做了3個夢，夢中的幻象從此改變了他的人生之路與哲學之路。受到這些複雜難解的夢境啟發，笛卡兒決定全心全意用數學和科學來改革知識體系。首先，他決定從哲學開始著手，因為哲學是所有科學的基礎。

笛卡兒開始撰寫《指導心智的規則（Rules for the Direction of the Mind）》一書，用來闡述他嶄新的思考方式。然而，這部作品始終沒有完成——笛卡兒原先打算寫3大部分，每個部分包含12條規則，但他最後只寫完其中的第一部分。直到他過世後，《指導心智的規則》才於一六八四年得以出版。

哲學小知識

《談談正確運用自己的理性在各門學問裡尋求真理的方法（Discourse on the Method）》：簡稱為《談談方法》。這本書不僅是笛卡兒的第一部著作，同時也是他最為人所知的一部。書中，笛卡兒針對他在《指導心智的規則》中所建立的第一套規則進行了深入的討論。此外，書中也談到那3個夢境為何會讓他開始質疑自己原有的知識。接著，他便開始解釋前面所列出的這些規則是如何解決各種複雜深奧的問題一例如上帝的存在、二元論，以及個人的存在等一他的名言「我思故我在」正是出自於這裡。

隨著作品數量增加，笛卡兒的聲望水漲船高。一六四一年《沉思錄・我思故我在（Meditations on First Philosophy）》出版，他在書中反駁了那些質疑《談談方法》中論點的人，並提出被後人稱為「笛卡兒循環」的循環論證。一六四四年，笛卡兒又出版《哲學原理（Principles of Philosophy）》一書，試圖探究宇宙存在的數學基礎，並在歐洲廣為流傳。

後來，為了擔任瑞典女王的私人家教，笛卡兒搬到斯德哥爾摩，卻不幸在這時感染肺炎而去世。雖然笛卡兒是名虔誠的天主教徒，但著作中的思想卻與天主教教條有所抵觸，因而在死後遭列入天主教的禁書目錄。

❖思想和理性

笛卡兒最為人所知的就是他的名言「我思故我在（Cogito ergo sum）」。

根據他的說法，「思考」這個行為本身就是我們存在的證明。他認為思想和理性即是我們存在的核心，因為除了思想和理性之外，我們無法驗證自己的其他部分是真實存在的。必然要先有能夠進行思考的部分，才會有思想的出現——因此，若我們能夠思考，就代表我們是存在的。此外，對笛卡兒而言，人類是能運用理性的動物，因此若失去理性就不能稱之為人類了。

笛卡兒用清楚易懂的邏輯論述來闡釋以上論點。他相信任何問題都可以被拆解成最簡單的形式，且可以用抽象的等式來呈現。這樣一來，就能避免感官知覺的干擾（因為笛卡兒不太相信感官所得的資訊），並交由客觀的理性來解決問題。

而正因為感官是不可信的，笛卡兒唯一相信的就是人的思想——也就是說，理性和思考是所有人類存在的核心。此外，純粹的理性和感官知覺之間存在著一定的差距，因此笛卡兒相信靈魂是確實存在的。

❖上帝的存在

確立了「我思故我在」的概念後，笛卡兒開始尋找其他不證自明的真理，並得出以下結論：「知覺」和「想像」必定存在，因為這兩者都是我們心靈中不同的「意識模式」。但他同時認為，知覺和想像之所得不一定是真實的，因此我們只能透過瞭解上帝來理解世上的種種事物。

根據笛卡兒的說法，上帝是十全十美的，所以祂不可能會騙人。而雖然笛卡兒自己並不完美，但他可以想像得到「完美」這個概念，故真正的完美必然存在。這裡的「完美」就是指上帝，也就是說上帝必定存在。

❖心物問題

笛卡兒是實體二元論的忠實擁護者（因此實體二元論又被稱為「笛卡兒二元論」），主張心靈和肉身是相互分離的實體。

笛卡兒相信，我們的肉身是由理性心靈所主宰，但肉身同樣可以左右心靈，使我們做出不理性的行為（如：衝動行事）。笛卡兒認為我們的心靈和肉身是透過「松果體」進行互動，並將松果體稱為「靈魂之座」。根據他的說法，我們腦內的松果體就像靈魂一樣，是不可分割的（不過後來研究發現，松果體其實同樣分成左右半球）。此外，松果體的位置接近我們的腦室，所以很容易可以透過神經來主導我們的身體。

二元論

❖心物分離

提出二元論主要是為了回答所謂的「心物問題」，也就是解釋我們的物質部分和心靈部分之間的關係。

根據二元論，我們的心靈和身體是兩相互分離的事物。身體（或物質）是構成我們的物質實體，而心靈（或靈魂）則是獨立於身體而存在的非物質實體，且包含我們的意識經驗。

二元論又可以分成許多不同形式，其中最主要的有以下3種：

①實體二元論：即「心物二元論」。實體可分為2類——「心靈實體」和「物質實體」。勒內・笛卡兒將此類型的二元論發揚光大，認為物質實體並不具有思考能力，而心靈實體則無法出現在物質世界中。

②性質二元論：此類二元論認為，心靈和身體是作為同一物質實體的不同性質而存在。換句話說，若物質

以特定形式（如：人類腦部）排列，就會產生意識。

③述詞二元論：要描繪這個複雜的世界，就必須有許多述詞（也就是用來描述命題中主詞的詞彙）存在。根據述詞二元論，心靈述詞是無法簡化為物質述詞的。舉例來說，在「他很煩人」這個句子中，我們就無法將「煩人」這個行為描述簡化為一物質的描述。我們不能用構造和組成等來定義「煩人」，且「煩人」在不同情境中可能有完全不同的呈現方式。

❖支持二元論的論證

有許多論證都可以用來支持二元論的主張。其中，二元論特別受相信在我們的肉身之外有靈魂存在的人歡迎。

◉主觀論證

支持實體二元論的論證中，較為知名的論證之一就是所謂的「主觀論證」。此論證主張心靈上的事件具有主觀成分，而物質上的事件則不具主觀成分。

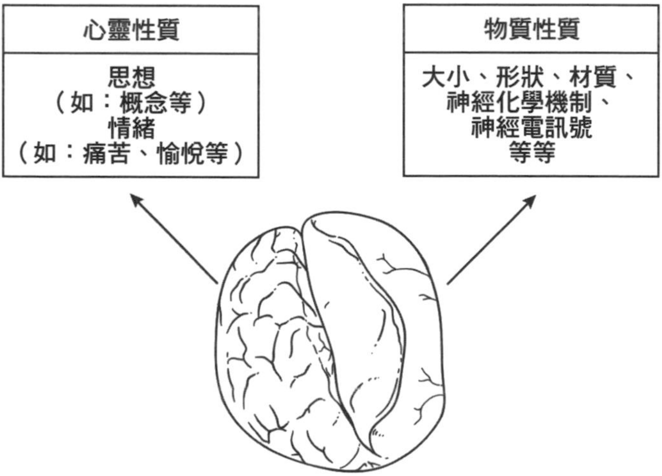

對於一心靈事件，我們可以詢問經歷該事件的人看到、聽到或感覺到什麼。然而，這些感官經驗是無法化約為物質事件的。雖說我們可以聽到、摸到或感覺到物質事件，但當我們要用「我感覺到……」這樣的句子來描述自己的感官經驗時，其實無法將這些經驗簡化成物質性敘述。

總而言之，感官經驗無論如何都會有主觀成分在。

◉特殊科學論證

這是用來支持述詞二元論的論證。如果述詞二元論是真的，世界上必然存在一些「特殊科學」，這些特殊科學無法經由物理法則來進一步簡化。而因為心理學這種科學無法經由物理定律化約，故心靈必然存在。甚至連氣象學這門學科的存在，都可以證實特殊科學論證是成立的——因為只有人類會對天氣模式的研究感興趣，這門科學的出現就代表我們的心靈是在乎天氣狀況的。

總結來說，若要用心靈來感知物質世界，就必須有從心靈的角度出發來研究世界的觀點。

◉理性論證

根據這項論證，若我們的思想純粹只是物質運作的結果，就無法證明我們的想法是理性的。

換句話說，物質並不具有理性，但我們人類能擁有理性。因此，我們的心靈一定不只是從物質而來。

❖反對二元論的論證

當然，也有許多反對二元論的論證，而這之中有許多論證都可以歸類在「一元論」這個框架之下。一元論主張心靈和身體都是同一實體的其中一部分，而非兩個相互分離的實體。

◉一元論

・**唯心主義一元論**（又稱「唯心論」）

主張世上唯一存在的實體就是心靈實體（也就是我們的意識）。

・**唯物主義一元論**（又稱「唯物論」）

主張物質世界才是唯一真實的世界，而所有心靈實體都是由物質實體衍生而來。

・**中立一元論**

主張世上僅有一種實體存在，此實體既非心靈也非物質，而是心靈和物質兩者共有的根源。

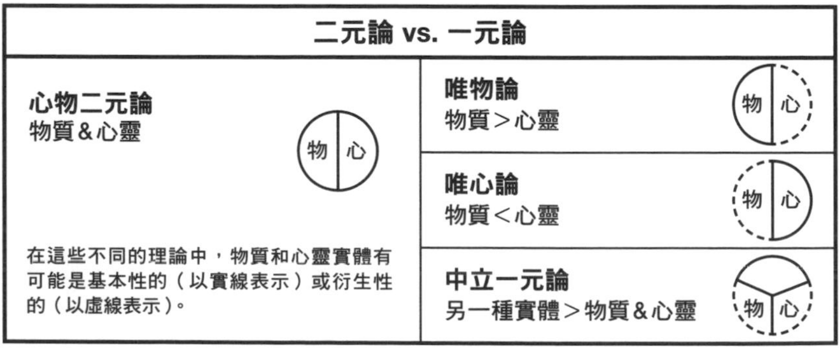

二元論 vs. 一元論	
心物二元論 物質＆心靈 物 心	**唯物論** 物質＞心靈　　　物 心
	唯心論 物質＜心靈　　　物 心
在這些不同的理論中，物質和心靈實體有可能是基本性的（以實線表示）或衍生性的（以虛線表示）。	**中立一元論** 另一種實體＞物質＆心靈　　物 心

◉腦傷論證

「腦傷論證」是用來反駁二元論的論證之一。主要質疑在創傷、疾病和過度用藥等狀況下，要如何用二元論解釋心智能力會隨腦部損害而受到影響的現象。若心靈和物質實體真的相互分離，心智能力就不應受到這些損害的影響。其實，以目前科學的發現來說，我們的腦部和心靈之間極有可能存在著因果關係，並且只要腦部受到損害，心智狀態也會隨之受到影響。

◉因果互動論證

因果互動論證所質疑的是，非物質性的心靈是如何對物質產生影響的——這類型的互動關係所發生的場域仍屬未知。舉例來說，如果你哪天突然想要讓自己的手指燒起來，必然會有一連串事件發生。首先，你的皮膚會先燒起來。接著，你的神經末梢就會受到刺激。最後，這些周圍神經則會連接到你大腦中的特定部位，於是就會有痛覺產生。然而，若二元論成立的話，我們就不能說痛覺發生在你身體的特定部位上了。不過，事實上痛覺的確是發生在特定部位——也就是你的手指上。

此外，這個論證也試圖探討心靈和物質之間是如何產生互動的。舉例來說，如果要讓你的手臂上下擺動，你就必須先有讓手臂上下擺動的「意圖」——而這樣的意圖就是心靈世界所發生的事件。接著，這樣的訊息會經由神經傳遞，使你的手臂上下擺動。然而，若只有心靈中的意圖，並不足以讓你的手臂產生擺動。要讓手臂動起來，就必須有一股促使神經將訊息傳遞下去的力量。而二元論的缺陷就在於，無法解釋一非物質事件（意圖）是如何導致另一物質事件（手臂擺動）發生。

◉簡約論證

反對二元論的諸多論證中，最常見的可能是最簡單的一個——「簡約論證」。其所思考的是，為什麼有人會想要將存在拆分成「心靈」和「物質」兩部分來解釋？明明用單一實體解釋會更加簡單明瞭。

上述想法可用名為「奧坎剃刀」的原則進行概括。奧坎剃刀原則主張，解釋任何現象的時候，採用的實體數量都不應超出必要範圍。因此，我們對簡單解釋方式的渴望也是合情合理的。

雖說二元論中的某些元素的確有優勢存在，但不可否認的是，二元論確實無法為心物問題所衍生出的諸多難題提供完善解答。

斯賓諾莎

（一六三二～一六七七年）

自然主義

◆自然主義哲學家

巴魯赫・斯賓諾莎是17世紀最偉大的理性主義哲學家之一，於一六三二年十一月二十四日出生於阿姆斯特丹的葡萄牙猶太社區。斯賓諾莎是個天賦異稟的學生，因此當地的猶太會堂原先十分期待他能成為一位拉比（編註：猶太人中精通《塔納赫》、《塔木德》等經典的精神領袖、宗教導師階層）。不過，他在17歲那年不得不拋下學業，以協助家族事業的營運。一六五六年七月二十七日，他因不明原因而被逐出阿姆斯特丹的賽法迪猶太社群（有些人認為很可能是因他當時正在發展新興哲學思想，這也在往後形塑了他的哲學觀點）。

斯賓諾莎的哲學觀點極為激進，他對道德、上帝與人類都抱持著非常自然主義的立場，否認靈魂永生，更反對「上帝掌管一切」的觀念。他認為聖經中的律法不是由上帝所賜予，對猶太人早已失去約束力。

到一六六一年，斯賓諾莎已經完全揚棄自己的宗教信仰，並離開阿姆斯特丹。搬到萊茵斯堡後，他著手撰寫了數篇論文。然而，其中僅有一六六三年他對笛卡兒《哲學原理》一書的解釋，得以在他生前以他的名字發表。一六六三年，斯賓諾莎開始動筆寫下他最為深奧的哲學著作——《倫理學（Ethics）》。然而，後來他卻暫緩了這本書的寫作，轉而撰寫他爭議連連的《神學政治論（Theological-Political Treatise）》，並於一六七〇年以匿名形式出版。後來，《神學政治論》所引發的爭議讓他下定決心不再出版任何作品。一六七六年，斯賓諾莎與萊布尼茲會面，兩人討論了他那時終於完成的《倫理學》（雖然他仍不敢將之出版）。一六七七年，斯賓諾莎去世，他的朋友在他逝世後便出版了他的作品，但隨後這些著作便在荷蘭全境遭到封殺。

❖《神學政治論》

這是斯賓諾莎最具爭議性的作品。其中，他試圖探討宗教和聖經背後的真實涵義，同時挑戰宗教權威對人們政治權利的控制。

斯賓諾莎不僅批判猶太教，更是對所有有宗教組織都抱持負面態度。他主張哲學應與神學分離，在解讀聖經的過程中尤是如此。斯賓諾莎認為，神學的主要目的在於控制信徒，而哲學的目的則是追求理性的真理。對斯賓諾莎來說，「愛人如己」是上帝唯一的旨意，而現在的宗教則已經沉溺於迷信之中，太過重視聖經中的一字一句，而忽略其背後的重要意義。在斯賓諾莎眼中，聖經並非由上帝所造，因此我們應該用看待其他歷史文本的方式來解讀聖經。而因為聖經的撰寫時間長達數世紀，自然不可盡信其內容。此外，他也完全否認神蹟的存在，認為一切現象都可以用自然法則來解釋，只是人們通常不願認真尋找這些解釋。雖然他認為預言的確來自上帝，但他強調我們不應賦予其特殊地位，而應該與其他種類的知識平起平坐。

斯賓諾莎進一步主張，重新審視聖經並在經文中尋找「真正的宗教」，才能彰顯我們對上帝的尊敬。他也不認同猶太教中「選民」的概念，認為人人皆平等，而信仰則是由全民所共享。最後，斯賓諾莎也談到了他的政治理念，主張民主才是最理想的政府形式，其能最大限度地減少權力濫用的情況。

❖《倫理學》

這本書中，斯賓諾莎深入探討了和上帝、宗教、人性相關的傳統觀念。

◉上帝和自然

《倫理學》一書中，斯賓諾莎延續他在《神學政治論》中的思想，談到「上帝即自然，自然即上帝」的概念，並認為我們不應假定上帝擁有人類的特質。此外，他主張宇宙萬物皆為自然的一部分（因此也是上帝的一部分），而這些自然萬物皆會遵循同一套基本法則運行。斯賓諾莎以自然主義的方法來看待人性（這樣的觀點以當時來說十分激進），認為人類和自然界的其他事物在本質上沒有什麼不同，因此可以用相同的基本法則來理解和解釋人性。

斯賓諾莎不認同上帝創造世界的傳統觀點，認為我們所生活的現實世界是自給自足的，而沒有任何超自然成分存在，僅有合為一體的自然與上帝。

◉對人類的看法

《倫理學》的第2部分中，斯賓諾莎深入探討人類的本質和起源。

他認為，人們能夠感知到自己具有上帝的2大屬性——「思維」與「廣延」。這邊的「思維」模式指的是心靈中的觀念，而「廣延」模式則是存在於物理世界的身體。斯賓諾莎認為，這兩者在本質上是各自獨立的：與身體有關的事件是由一連串其他事件按照廣延的規律所引起，而觀念則是由其他觀念根據思維規律所形成。因此，他主張心靈與身體之間沒有任何因果關係。然而，兩者之間仍是相互關聯且相互平行的，因此每一種廣延模式都會對應到一種思維模式。

此外，思維與廣延是來自上帝的屬性，所以我們也可以透過這兩個途徑來瞭解上帝和自然。要注意的是，這與笛卡兒的心物二元論是截然不同的觀點——斯賓諾莎並不認為思維與廣延是2個分離的實體，而是將之視為「人類」這種存有的2種不同表現形式。

◉對知識的看法

斯賓諾莎認為人類的心靈與上帝一樣，能夠形成觀念。然而，這些觀念往往源於知覺、感官以及情感（如：痛苦、快樂），並不足以讓我們對世界有真實且正確的理解，因為這是透過自然秩序的有限感知來獲得的。斯賓諾莎將這種感知稱為「由隨機經驗得來的知識」，認為這樣的知識來源將導致永無止盡的錯誤。

斯賓諾莎進一步劃分出另一種知識形式，也就是「理性」。透過理性和秩序所獲得的觀念才是足夠正確的，且唯有如此才能真正理解事物本質。所謂的「正確觀念」不僅能捕捉到事物之間的因果關係，還能呈現事物的真實狀態，並為此狀態提供解釋和闡述。斯賓諾莎強調，僅憑感官經驗無法得到這種正確觀念。與許多前人的概念相比，斯賓諾莎的正確觀念理論可說是對人類的能力抱持著十分樂觀的態度。他認為，憑著人類的能力就足以掌握自然界的所有知識，因此也能全然理解上帝。

◉激情與行動

斯賓諾莎非常努力想證明人類是自然的一部分。由此，他暗示了一件事──人類並不具有自由。因為我們的心靈和觀念都是一系列依循「思維」（也就是前面提過由上帝所賦予的屬性）且互為因果的觀念所導致，而我們的行為則是自然事件的產物。

斯賓諾莎還進一步將情感（如：憤怒、愛情、驕傲和嫉妒等遵循自然法則的情緒）分為「激情」和「行動」。當某事件是由我們的天性（如：知識、正確觀念等）所引起時，我們的心靈便處於所謂的「主動狀態」；而當我們內在的某事件是由外在因素所引起，我們便處於「被動狀態」。

不論是主動還是被動，我們的心靈或身體都會經歷一些變化。斯賓諾莎認為，追求不變是萬物的本質，而情感則是一種變化的體現。故我們應該努力掙脫激情的枷鎖，成為更主動的存在。然而，我們不可能完全擺脫激情，所以該做的是試圖控制和調控它們。如果一切都是由我們本性而生，而非由外在因素所致，那我們在某種程度上便是「自由」的。同時，這樣的過程也可以幫助我們超脫生活中的動盪。對斯賓諾莎來說，我們必須擺脫對想像力和感官的依賴，而激情則象徵著外在事物對我們自身力量的影響。

◉德行與幸福

《倫理學》一書中，斯賓諾莎呼籲人們應該積極控制自己對事物的評價，並盡可能減少激情和外在因素的干擾。他主張「德行」就是達成此目標的唯一解方，並將其定義為對正確觀念和知識的追求和理解。這樣的追求最後會導向對上帝（也就是第3種知識類型）的認識，而對上帝的認識則會進而引發一種對萬物的愛。這種愛並非激情，而是一種至福狀態——不僅是對宇宙的深刻理解，也是對德行和幸福本質的領會。

萊布尼茲

（一六四六～一七一六年）

樂觀主義

❖樂觀的哲學家

戈特弗里德・威廉・萊布尼茲是17世紀理性主義運動中最重要的哲學家之一。除了他對理性主義的貢獻之外，萊布尼茲也是一位多才多藝的學者。他在邏輯學、物理學和數學領域都有非凡的成就，不僅和牛頓都發明了微積分，也是第一位提出2進位系統的人。

一六四六年七月一日，萊布尼茲出生於德國的萊比錫。他的父親原先在萊比錫大學教授道德哲學，但他在萊布尼茲年僅6歲時便去世了，留下豐富的私人藏書給年幼的萊布尼茲。在父親去世後，萊布尼茲從母親那裡學到許多宗教和道德方面的觀念。

萊布尼茲是個天賦異稟的孩子。他12歲那年就已經自學拉丁語，並開始學習希臘語。14歲時，他在萊比錫大學學習亞里斯多德的哲學、法律、邏輯和經院哲學。到他20歲時，便出版了第一本著作《論組合的藝術（On the Art of Combinations）》。書中，他主張聲音、顏色、字母和數字等基本元素的組合，是一切發現和推理的根本。

於另一所學校獲得法學學位畢業後，萊布尼茲並沒有繼續從事學術研究，而是選擇為王公貴族工作。在這份工作中，他兼任法律顧問和官方史家，經常被派往歐洲各地出差。旅行期間，萊布尼茲不但持續進行他的數學及形上學研究，更遇到許多重量級的歐洲知識份子，包括哲學家巴魯赫・斯賓諾莎，以及身兼數學家、天文學家與物理學家的克里斯蒂安・惠更斯，這兩人對他後來的研究都有著深遠影響。

從萊布尼茲在數學領域的無數貢獻，到他豐富的哲學作品，貫穿他所有作品的共同主題即是對「真理」的追求。他希望透過強調真理來讓當時分裂的教會重新團結起來。

❖萊布尼茲哲學中的原則

萊布尼茲對理性的觀點建立在以下7個核心原則之上：

①同一律／矛盾律

如果一命題為真，與其相反的命題必然是假的，反之亦然。

②充足理由律

世上任何事物、事件或真理的存在，都必有其充足理由（雖然有時這些理由只有上帝知道）。

③不可分者同一性原理（萊布尼茲定律）

兩個不同事物不可能擁有完全相同的屬性。也就是說，如果X所擁有的所有謂詞同時也為Y所有，而Y擁有的所有謂詞也都為X所有，X和Y就是同一事物。認為兩樣事物無法區分，基本上就是將一件事物賦予了兩個不同的名字。

④樂觀主義

上帝總是會選擇最佳的可能性。

⑤前定和諧論

每個實體都僅對自己本身有所作用。但不論屬於精神還是物質範疇，所有實體似乎都在彼此之間展現出因果關係。這一切都是因為上帝事先就有所計畫，好讓所有實體能夠和諧共處。

⑥圓滿原則

上帝所選擇的最佳世界中，每一個真正的可能性都會成為現實。

⑦連續律

萊布尼茲在他的連續性定律裡提出「自然從不跳躍」的概念。他認為，所有變化都是由無數微小的過渡過程所組成。也就是說，事物的變化歷程永遠都是連續的。根據這條定律，任何運動都不可能從絕對靜止狀態開始，而感知的產生則是源於那些細微到幾乎無法察覺的感知。

❖單子論

萊布尼茲所提出的「單子論」是對笛卡兒觀點的反駁。笛卡兒認為具有擴展性質（即可以同時存在於多維空間中）的物質可以被視為一種實體。對此，萊布尼茲提出單子論予以反證，這成為他在形上學領域中最重要的貢獻之一。根據萊布尼茲的說法，只有那些擁有行動能力且真正具有統一性的存有才能算作實體。而所謂的「單子」則是構成宇宙的基本單元，是一種獨立、永恆且不會進行交互作用的粒子。此外，單子會受自身內在的原則所驅動，而其前定的和諧則能夠反映出整個宇宙的運行。在整個宇宙中，只有這些單子是真正的實體，因為其具有內在的統一性及行動能力。

單子並不像原子一樣具有物質或空間的特性，且單子之間是完全獨立的。單子時時刻刻都會按照事先設定好的指示行動（如前定和諧論中所述），因此它們一直都「知道」自己現在應該做些什麼。與原子不同的是，不同的單子在大小上也各異。舉例來說，我們可以把世界上的每個人都視為一獨立的單子（這樣的概念同時可用來反駁「人類具有自由意志」的觀點）。

在單子論的框架下，萊布尼茲將笛卡兒哲學中的二元論元素移除，並逐漸往唯心論的方向發展。單子被視為存在的本質形式，意即單子是世上唯一與心靈類似的實體。因此，物質、空間和運動等概念，僅僅是由單子所衍生出來的現象罷了。

❖樂觀主義

萊布尼茲於一七一〇年出版的《神義論（Théodicée）》中，試圖將宗教與哲學結合。他深信全知全能的神不可能創造一個有瑕疵的世界，尤其是當有更好的選擇存在時。由此，萊布尼茲得出以下結論——雖然我們所在的這個世界是有缺陷的，但其實已經是所有可能世界中最平衡且最完美的一個。也就是說，這世界上所有的不完美，在其他可能世界中同樣不可避免，否則上帝是不可能容忍這些瑕疵存在的。

萊布尼茲認為哲學與神學之間並不矛盾，因為理性和信仰都是上帝贈予人類的禮物。因此，任何無法透過理性證實的信仰都應該受到質疑。透過這樣的觀點，萊布尼茲成功化解當時大眾對基督教最常見的批判——如果上帝是全知、全能和全善的，邪惡又為何會存在？對此，萊布尼茲做出以下解釋——上帝確實是全能、全知和全善的，然而作為上帝的創造物，人類的智慧和行動能力是有限的。

此外，由於人類具有自由意志，因此很容易做出不理智的行為和錯誤的判斷，也常產生一些虛假的信念。換言之，上帝之所以允許痛苦和苦難（稱為「物理惡」）以及罪惡（稱為「道德惡」）的存在，是因為這些惡是人類的不完美（稱為「形上惡」）必然會造成的結果。有了這些惡的存在，人們才有機會將自身的不完美與真正的善相互比較，從而修正自己的行為。

霍布斯（一五八八～一六七九年）

社會契約

❖全新的哲學體系

一五八八年四月五日，湯瑪斯・霍布斯出生於英國的馬姆斯伯里。霍布斯的父親在他還小的時候就失蹤了，而他的叔叔則扛起他的教育支出。因此，霍布斯14歲時，便進入牛津大學的莫德林學院就讀。一六〇八年，霍布斯離開牛津大學，開始當起私人家教，而他的學生則是哈德威克的卡文迪什伯爵的長子。一六三一年，在擔任卡文迪什家族中另一小孩的家教期間，霍布斯開始關注哲學，並動筆寫下第一部作品——《論第一性原理（Short Tract on First Principles）》。

後來，霍布斯和卡文迪什家族之間的聯繫可說是對他大有助益——他因此得以旁聽當時議會的辯論過程，參與和國王、地主、議會成員相關的討論，並取得政府組織和運作的第一手資訊。當時國王和議會之間的關係十分緊張，而霍布斯是十分死忠的君主主義者，甚至為了替查理一世說話而寫出《自然和政治法律要素（The Elements of Law, Natural and Politic）》一書，成為他的第一本政治哲學作品。一六四〇年代前期，隨著國王和議會之間的衝突加劇（後來衍生出一六四二～一六五一年的英國內戰），霍布斯便決定前往法國避避風頭，一待就待了11年之久。在法國這段起間，霍布斯寫下他最重要的幾部作品。其中包含舉世聞名的《利維坦（Leviathan）》一書，出版於查理一世遭處決的2年後。

此外，霍布斯也是一位極具個人主義色彩的思想家。英國內戰期間，當大多數支持君主制的人都開始藉由支持英國教會來為自己找台階下時，著名的保王黨成員霍布斯卻公開表明他對教會的不滿。此舉導致他遭到朝廷封殺。值得一提的是，雖然霍布斯支持君主制，但他並不認為國王的統治權來自上帝，而是來自於人民之間基於共識而形成的社會契約。

霍布斯相信哲學這門學科極需徹底革新，因此著手打造一個面面俱到的哲學體系，為所有知識建立一共通基礎。而這整個哲學體系都奠基於一特定概念——宇宙中的所有現象都可以拆解成物質和運動的組合。然而，他並不認為實驗法和觀察法可以產生出知識，而是主張以演繹法作為手段，並以大家普遍接受的「第一自然律」作為一切知識的基礎。

❖霍布斯的哲學思想

◉對知識的看法

霍布斯認為單憑對自然的觀察來建立哲學和科學並不客觀，因為人們看待世界的方式有千百種，觀察而來的知識太過主觀了。他不同意法蘭西斯・培根和羅伯特・波以耳的研究方法——也就是透過對自然界的歸納推理，得出科學和哲學上的結論。霍布斯認為，哲學的目的是建立一套真理的體系，而這個體系應該奠基於最基本也最普遍的原則上。這些原則應該是任何人都可以用語言來呈現，且能夠為任何人所接受的。

在追求這種普遍原則的過程中，霍布斯逐漸開始以幾何學作為典範，並認為幾何學就是其中一種普遍原則。因為幾何學使用的是演繹推理的研究方法，因此霍布斯認為幾何學才是所有科學的最佳典範，並將演繹推理的概念沿用到政治哲學上。

◉對人性的看法

霍布斯並不相信心物二元論，也不相信靈魂存在。他認為人類其實就像機器，純粹由物質組成，且身體的一切機能都能用機械性程序來解釋。舉例來說，我們的感官經驗就是來自神經系統中運行的機械程序。因此霍布斯主張，我們之所以會追逐快樂和趨避痛苦，純粹只是基於自身利益（換言之，我們所做出的決斷是非常不可靠的）。此外，我們的思想和情緒也僅是因果關係和行為反應的產物而已。霍布斯相信，我們必須仰賴科學才能做出可靠的決斷，並在《利維坦》一書中將科學稱為「行為後果的知識」。

根據霍布斯的說法，社會同樣是一部機器。雖然這部機器是人造的，卻和人類遵守相同法則。此外，他認為全宇宙的各種現象都可透過物質之間的互動和運動來解釋。

◉恐懼、希望和社會契約

霍布斯並不相信人類在自然狀態下就具有「道德」概念，因此當他在討論善惡等觀念時，他所說的「善」就是指那些我們趨之若鶩的事物，而「惡」則是指我們避之唯恐不及的事物。

他也以這樣的定義來解釋我們的各種行為和情緒。根據霍布斯的定義，「希望」就代表有可能得到善時會產生的情緒，而「恐懼」則代表無法獲得善時會出現的情緒（雖然這只有在人類不受法律和社會約束時才適用）。而由於區分善惡的基準是個人的主觀慾望，故客觀規範何者為善、何者為惡的規則必定是不存在的。霍布斯相信，我們會不斷在希望和恐懼的感受之間擺盪，並因此做出各種行為。不僅如此，我們隨時都會處於兩種情緒的其中之一。

另一方面，在沒有社會規範和法律的自然狀態下，人類會本能性地追求盡可能多的好處和權力。這種無止盡的追求，加上社會上缺乏可以遏止互相傷害的法律，就會導致一種持續的戰爭狀態。而在這樣的戰爭狀態下，人們必定會活在對彼此的恐懼中。然而，當我們的理性結合這樣的恐懼，便會促使我們遵循我們在自然狀態下的本能（即追求盡可能多的好處），但同時也會盡力追求人與人之間的和平共存。基於此，善與惡的概念要在社會的最高權力機構建立相關規則後，才得以建立。

而霍布斯認為，若要真正實現和平共存的理念，唯一方式就是讓人們聚在一起，並共同建立一份社會契約。這份契約中，人們必須同意設立一個擁有最高權力的機構，負責統治國家中的全體人民。

在這之中，恐懼扮演了2個角色：

①自然狀態下，恐懼會將人類置於持續的戰爭中，進而促使人類共同建立社會契約。

②社會契約建立後，恐懼則有助於維持國家內部的和平（最高權力機構可以懲罰違反社會契約的人，因此全體人民都會心生恐懼）。

◉對政府的看法

霍布斯早期的作品中，主張社會需要一擁有最高權力的

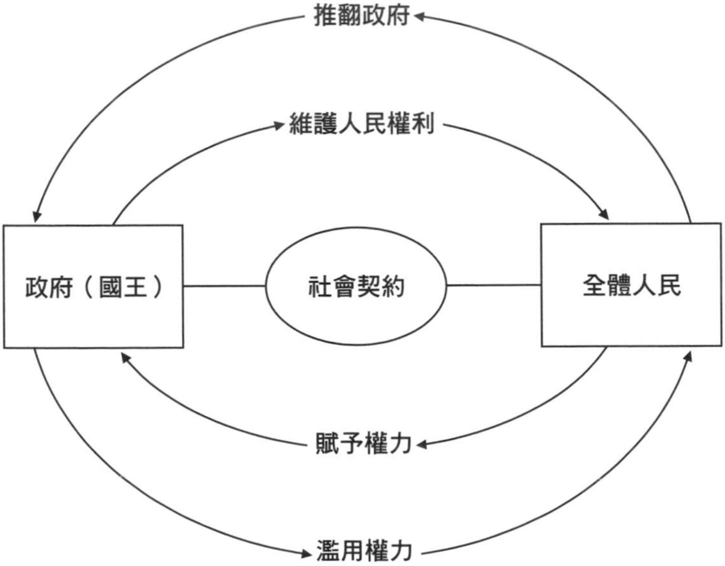

機構。而到了《利維坦》這本書中，霍布斯就說得更加明確了。在他心目中，絕對君主制就是最佳的政府形式，只有這種形式才能為全體人民帶來和平。

霍布斯認為，社會內部的派系衝突（如：政府機構間、不同哲學觀點間、教權與政權間的鬥爭）只會導致內戰發生。若要維繫和平，社會中的全體人民都需同意讓一位權威人物來主導政府、制定法律並管控教會。

Column

忒修斯之船

探討經典的「忒修斯之船悖論」前，我們必須先瞭解所謂的「悖論」究竟是什麼。哲學領域中，「悖論」是指一敘述的前提看似為真，但更進一步探討後會發現，該敘述的結論其實會將原先的前提推翻。

忒修斯之船悖論首現於普魯塔克的作品中，他是一名信奉柏拉圖主義的古希臘哲學家。故事中，普魯塔克描寫了傳說中的雅典開國君主——忒修斯從漫長的航行中返回雅典的過程。當時，船身的木板已多處腐朽，因此這些老舊的木板全都被丟到海中，取而代之的是牢固的全新木板。在忒修斯的船隊抵達雅典前，原先船上的的所有木板都已經替換成新的了。這下問題來了——既然回到雅典的這艘船和原本啟程離開的那艘完全是由不同木材所構成，那它們還能算是同一艘船嗎？如果有一片舊木板尚未被替換掉，又如何呢？如果是兩片又如何呢？你的答案會因此改變嗎？

讓我們用另外一個角度來思考這個問題。

若以A船來代稱當初忒修斯離開雅典時所搭乘的船，而B船則是他回到雅典時所搭的船，那A船和B船是相等的嗎？

◉霍布斯的改編版本

後來，大名鼎鼎的17世紀哲學家湯瑪斯・霍布斯又把這個悖論再往前延伸。

現在，想像當時有個海上拾荒者跟在忒修斯的船後，當船員把老舊木板丟出船外時，這名拾荒者就會將之從海上打撈起來，並用這些木材建造自己的船。因此，最後抵達雅典的船共有2艘：一艘是忒修斯的船隊所搭乘、由全新木材建成的船；另一艘則是全由忒修斯船隊丟掉的木材所建成的拾荒者之船。在這個情況下，哪一艘才是真正的「忒修斯之船」呢？

讓我們把拾荒者所搭乘的船稱為C船好了。

此時，我們已知B船不等於C船，因為當時的確有「2艘船」同時抵達雅典的港口，因此B船跟C船不可能是同一艘船。

那究竟「忒修斯之船」一詞代表的是什麼？是船上的木材嗎？是船的結構？還是船隻背後的歷史呢？

◉該怎麼回答這些問題呢？

有個理論叫作「分體本質論」，認為事物的「同一性」（指兩事物完全相同或相似的性質）是由其組成成分的同一性所決定。因此，同一性的必要條件即是組成成分要維持不變。

換句話說，如果X與Y的組成成分完全相同，則X就等於Y。舉例來說，物體X在某一時間點（t1）時由某些成分組成，而在一段時間後（t2）物體Y也具有了同樣成分，我們就可以說此物體的存在得到了延續。

根據這個理論，忒修斯之船悖論中的A船就等於C船。意思是說，這個故事中總共只有2艘船——忒修斯啟程時所搭乘的船和拾荒者回到雅典時搭的船完全是同一艘；而另一艘船則是忒修斯回到雅典時搭的船，因為這艘船是由全新的成分組合而成。

然而，這個結論有個瑕疵。若真是如此，忒修斯在航行過程中就必須從一艘船換到另一艘船上，因為他回到雅典時所搭乘的是B船，而B船和C船並不相等。但矛盾的是，忒修斯在航行過程中從未離開過他的船——他搭著A船啟程，再搭著B船賦歸，從來就沒有換過第2艘船。然而，根據分體本質論的說法，忒修斯必然有換過船。

我們可以試著用其他方法來解釋這個悖論。先將分體本質論放在一邊，假設A船就等於B船。這時，故事中還是只有2艘船——一艘是忒修斯啟程時所搭乘的A船（也就是他靠岸時的B船），另一艘則是拾荒者的C船。

但這個解釋方法也有一些問題。如果我們假定A船等於B船，就表示B船不等於C船，因此A船也不等於C船。但這樣也不太對，因為C船的每個組成成分都和A船一模一樣。反過來說，A船和B船則沒有一個成分相同，我們卻認定它們是同一艘船。

另一個可以套用在這個悖論中的理論叫作「時空連續性理論」，其主張只要一物體的變化過程是漸進式的，且其原先的形狀和樣式保持不變，這個物體在時空中就具有連續性。也就是說，雖然忒修斯乘坐的船隨著時間歷經漸進式改變，但仍然可說是同一艘船。

但這個理論同樣不完美！想像一下，如果我們把這艘船的每個部分都分裝到不同箱子裡，分別運送到世界各地後，再寄回來並拆箱重新進行組裝呢？這個過程中，雖然船的各個部分總數量不變，但無論在時間還是空間上，都並非以「船」的形式連續存在。既然如此，這樣重新組裝後的船還算是原本的那一艘嗎？值得注意的是，分體本質論在這個情境下是可以完美適用的。

◉忒修斯之船的意義

當然，這個悖論不只是在講一艘船而已，而是在討論同一性以及我們每一個人的本質。隨著時間的推移，我們的某些部分必然會有所改變，但我們仍然會覺得自己是同一個人。

為什麼我們會有這樣的感受呢？是因為我們的「結構」始終保持不變嗎？如果是這樣的話，剪了頭髮或是斷了條腿的我們就不再是原本的自己了。是因為我們的「心靈和感受」始終如一嗎？如果是這樣的話，失去記憶或做了心臟移植的我們就不再是原本的自己了。還是是因為我們的「組成成分」？或是我們的「過去」呢？

時至今日，忒修斯之船悖論以及其背後跟同一性有關的涵義仍廣受大家討論。

洛克（一六三二～一七〇四年）

自由主義

❖人的權利

一六三二年八月二十九日，約翰・洛克出生於英國薩莫塞特郡的一個清教徒家庭中。洛克的父親是一名律師，同時在英國內戰期間身兼軍官一職。由於父親和英國政府的關係不錯，洛克從小就得以接受優良且多樣的教育。一六四七年，洛克在倫敦就讀西敏公學期間，榮獲「國王學者」的稱號（僅有經過嚴格揀選的一小群學生能得到這樣的名號）。一六五二年，洛克進入牛津最負盛名的基督堂學院就讀。在學院中，洛克深入研讀形上學和邏輯學，並於攻讀碩士的過程中浸淫在笛卡兒和化學之父——羅伯特・波以耳的著作中，最終決定成為一名醫師。

一六六五年，洛克與阿什利爵士（英國輝格黨的建黨人之一，後受封為沙夫茨伯里伯爵）結識，這位爵士可說是英國最具手腕的政治家之一。當時，阿什利爵士來到牛津尋求醫療協助，認識洛克後便決定邀請他到倫敦擔任自己的私人醫生。因此，洛克便於一六六七年正式搬到倫敦居住。隨著阿什利爵士的權責攀升，洛克身負的責任也日益增加，不久就擴展到貿易、殖民的相關事務上。其中，美國卡羅萊納地區的殖民事務是由阿什利爵士負責，因此洛克也參與了該地憲法的制定流程。這段期間，洛克逐漸對哲學相關的議題產生濃厚的興趣。

一六七四年，阿什利爵士不再擔任政府職務後，洛克便回到牛津大學取得醫學學士學位，隨後前往法國，並在那裡花了很多時間從事新教研究。一六七九年，洛克返回英國後，不幸捲入一場爭議之中。當時，查理二世和議會正為了取得統治權而相互鬥爭，革命迫在眉睫。洛克因涉及暗殺國王未遂，而受國王的手足所迫離開英國。然而，洛克也正是在這段期間寫下廣受世人讚譽的《政府論（Two Treatises of Government）》一書。

流亡荷蘭期間，洛克完成在法國就開始著手撰寫的《人類理解論（An Essay Concerning Human Understanding）》，這成了他最知名的一本著作。一六八八年，荷蘭的奧蘭治親王（也就是後來的威廉三世）入侵英國，迫使詹姆斯二世（也就是查理二世去世後繼位的國王）逃往法國，從而開啟光榮革命。這時，洛克才終於能返回英國，而《政府論》和《人類理解論》這兩本著作也直到此時才得以出版。

光榮革命對英國產生了深遠的影響，使政權從君主轉移到議會身上。在這樣的時代背景下，洛克不僅被視為英雄，他對西方哲學的貢獻更證明了他是有史以來最偉大的思想家之一。他的哲學作品涵蓋了經驗主義、知識論、政府、上帝、宗教寬容以及私有財產等各式各樣的領域。

❖《人類理解論》

《人類理解論》是洛克最知名的著作。這本書總共分為4部分，分別討論和心靈、思想、語言和知覺相關的基本問題。書中，洛克提出一套系統性的哲學，試圖解答「我們是如何思考的？」這個人哉問。正因如此，當時哲學討論的重心逐漸從形上學轉移到知識論上。

有些哲學流派（如：柏拉圖、笛卡兒等人）認為，人生來就具有某些基本原則和知識。然而，洛克並不認同這樣的觀點。洛克認為，若此觀點為真，就代表所有人都接受某些特定原則，而事實則並非如此（即使真是如此，也不是因為我們生來就接受這些原則）。因此，這樣的觀點不可能是真的。

舉例來說，每個人的道德觀念都有所不同，故我們不可能生來就具有道德知識。洛克反而認為，人類生來就像一塊「白板」，需要透過經驗來獲得知識。這些經驗會經由感知和反思等歷程，促使我們發展出某些簡單的概念。而這些簡單的概念則會透過比較、組合和抽象化等歷程而變得愈來愈複雜，最終形成知識。

此外，剛剛提到的這些概念又可以進一步分為2種：

①原始概念

這類概念不可與物質分離，且無論人是否看到都會持續存在。大小、形狀和運動等就屬於此類。

②次級概念

這類概念與物質分離，且唯有在我們觀察特定物質時才會覺察到。味道和香氣等就屬於此類。

最後，洛克也不太認同柏拉圖對於「本質」的想法。柏拉圖認為，我們之所以將某些生物歸類為某一物種，是因其具有該物種的「本質」。而洛克則針對本質的概念提出自己的一套理論，將本質分為可觀察到的性質（他稱之為「名義本質」），以及這些性質背後隱藏的結構（他稱之為「實在本質」）。

舉例來說，我們可以根據自己的觀察以及狗的生物特徵（也就是狗可觀察到的性質）來形成我們對於「狗」這個物種的概念，並找出我們心目中「狗之所以為狗」的本質。對洛克而言，人類的知識有所侷限，而我們應該意識到這些限制的存在。

❖《政府論》

《政府論》一書中，洛克詳細地闡述了對人性和政治的想法，認為持有私有財產的權利是人人皆有的，而這也正是洛克政治哲學的核心觀點。

根據洛克的說法，當上帝創造人類時，人類只需遵循自然法則生活。也就是說，只要不破壞和平，人類就可以隨心所欲地行動。人類既然有自保的權利，也應該有權可以持有並使用上帝所賦予的資源，藉此讓自己快快樂樂地生存下去。

此外，每個人都是自己身體的主人，所以也理應擁有那些由身體的勞動所換來的物品。舉例來說，若某人決定透過務農來換取食物，就理當擁有他所耕耘的土地，以及這片土地所生長出來的食物。根據洛克對私有財產的想法，若我們獲取某項物品的同時會傷害到其他人，我們就不該這麼做，因為上帝希望大家都幸福快樂。另一方面，除了必須物品，我們不應該強求更多，因為其他人也可能需要用到。然而，世界上總是會有一些不遵守道德的人，因此人類必須立法來保護自己的財產和自由。

洛克認為，政府存在的唯一目的就是要促進社會上每個人的福祉。雖然建立政府時需要交出一部分自然權利，但政府能比個人更有效地保護我們的權利。此外，如果政府不再為社會的福祉著想，就應該遭到替換，且此時民眾有義務去反抗這樣的政權。

根據洛克的觀點，如果政府統治得當，人們和社會不僅在物質上會更加富裕，在心靈上也會更加富有。此外，政府應該給予人民自由，而這種自由必須符合上帝永恆不變的自然法則。

雖然《政府論》是在他流亡海外後返回英國的晚年時期才出版，但洛克提筆寫下這本書的時候，正是英國君主和議會之間政治緊張的年代。洛克深信必然存在著一種更好的政府型態，而他的政治哲學觀點也對後來的西方哲學產生深遠的影響。

休謨（一七一一～一七七六年）

人性論

❖西方哲學最偉大的推手之一

一七一一年，大衛・休謨出生於蘇格蘭愛丁堡的一個平凡家庭。休謨的父親在他2歲時過世，留下他的母親獨自撫養休謨三兄妹。12歲時，休謨被送至愛丁堡大學就讀。在那裡，他對古典研究產生了濃厚的興趣，並在往後的3年中潛心研讀哲學，嘗試建構自己的哲學體系。

然而，休謨卻因為研究過程太過艱辛，導致心理健康受到影響。於是他決定暫時擱置研究，到一家糖業進口商行工作。待狀況好轉後，他便搬到法國，重拾自己的哲學研究。一七三四～一七三七年這段期間，休謨在法國的拉弗萊什寫下哲學生涯中最具影響力的作品之一——《人性論（A Treatise of Human Nature）》。後來，這部作品在一七三九到一七四〇年間於倫敦分成3卷出版。出版之際，休謨移除了當時可能會引發爭議的段落（如：跟奇蹟有關的論述）。

當時，休謨希望能在英國的學術界任教，但他的《人性論》一書卻未能引起重視。儘管他隨後出版的散文集《道德、政治、文學論文集（Essays, Moral, Political, and Literary）》（共2冊）小有成就，卻因被指控為無神論者和懷疑論者，從而失去往後擔任教職的機會。

❖《人性論》

這本書可說是休謨最具影響力的作品，總共分為3卷出版，內容涵蓋各式各樣的哲學主題。

◉第一卷　論知性

休謨主張「經驗主義」（指「所有知識都來自經驗」的觀念）是有效的，且「概念」和「經驗」的本質相同。所有複雜的概念都是由簡單的概念所推得，而簡單的概念則是由感官所創造的「印象」所組成。此外，他還主張「事實」必須藉由經驗而得，不能透過直覺或理性推導來獲得。

休謨用以上論點挑戰了神造萬物和靈魂等觀念，甚至質疑神的存在本身是否為真。根據他的說法，我們無法直接經驗神、神造萬物和靈魂（或者說，我們無法從祂們身上得到「印象」），因此沒有確切的理由相信其真的存在。

《人性論》第一卷中，休謨介紹了3種可用來進行哲學探討的思想工具——顯微鏡、剃刀和叉子。

- **顯微鏡**：如要理解某個概念，就必須先將其拆解成最簡單的子概念。
- **剃刀**：若某個詞背後所代表的概念不能被拆解成更簡單的子概念，這個詞就不具意義。休謨藉此說明了許多概念（如：形上學、宗教）其實沒有什麼價值。
- **叉子**：意指真相可以分為2種。其一，某概念（如：數學中的命題）一旦得到證實，就再也不必重新被證實。其二，則和觀察得出的事實，以及發生在世界上的事情有關。

◉第二卷　論情感

第二卷中，休謨將焦點放在他稱為「情感」的情緒上（包含愛、恨、悲、喜等）。此外，他將這些情感分門別類，就如同他將概念和印象分類一樣。首先，他把印象分成「初級印象」和「次級印象」。初級印象是感官直接接收到的印象，而次級印象則是由初級印象衍生而來。

初級印象源自我們內在的生理機制，且會以身體上的痛苦或愉悅的形式出現。此外，初級印象對我們來說總是全新的，因為其是直接由生理上的感官所得。根據休謨的說法，情感存在於次級印象的世界中，而他也將情感分為直接情感（如：悲傷、恐懼、慾望、希望、喜悅和厭惡等）和間接情感（如：愛、恨、驕傲和謙遜等）。

休謨主張，道德並非由理性而來，因為道德抉擇會影響行為，而理性的抉擇則不會。我們對因果關係的信念，和我們所經驗到物件之間的關係息息相關。此外，唯有對我們來說重要的物件有辦法影響我們的行為，而唯有會使我們感到痛苦或愉悅的物件對我們來說才是重要的。因此，休謨認為痛苦和愉悅會驅使我們，並且引發我們的情感。情感則會促使行為，而理性只能作為情感的「奴隸」而已。

理性可以用以下2種方式來影響我們的行為：其一，理性可以讓情感聚焦在特定物件上；其二，理性可以找出那些會引發情感的事件間的關聯性。

◉第三卷　論道德

根據前兩卷的內容，休謨在第三卷中開始探討道德的觀念。首先，他提出「德行」和「惡行」之分，並主張兩者之間在印象上有所不同，而不是在概念上有差異。德行會給人愉悅的印象，而惡行則會引發痛苦的印象。此外，這些道德上的印象只會來自人的行為，而無法由不具生命的物體或動物引發。

休謨認為，我們只能透過行為「對他人造成的影響」來斷定某人的行為是否道德，而不能以「對行為者自身的影響」作為判斷標準。因此，我們應該以社會整體的角度來考量道德印象。有了以上觀念後，休謨又進一步主張「同理心」是道德義務的根基。

休謨表示，道德並非由經驗所得的事實，並舉了一個謀殺的例子。如果我們理性地審視謀殺這個行為，並不會產生痛苦的經驗，也就無法找出其惡行所在，只能發現自己不喜歡這個行為而已。以上例子告訴我們，道德存在於情感而非理性之中。

當時的哲學理論、概念和方法論都十分仰賴理性，而休謨對它們的批判也讓他成了西方哲學史上最重要的思想家之一。此外，他的著作也探討了許多不同的哲學主題，包含道德、宗教、形上學、人格同一性以及因果關係的概念等。

經驗主義與理性主義

❖真相從何而知？

知識論領域中，哲學家探討的是知識的本質、起源和侷限等主題。

其中最常被討論的問題有以下幾個：

・我們是如何習得知識的？
・知識有哪些限制？
・所謂「真正的知識」的本質為何？怎樣的知識才算得上是「真正的知識」？

而在回答第一個問題（也就是有關知識來源的問題）時，哲學界有2個相反的理論可以派上用場——「經驗主義」和「理性主義」。

❖經驗主義

「經驗主義」就是主張「一切知識皆來自感官經驗」的理論。根據經驗主義，我們的五感會從外在世界接收最原始的資訊，而對這些資訊的知覺則會開啟一連串歷程，讓我們逐漸發展出各種概念和信念。經驗主義並不認為人類生來就具有一定知識，並主張人類的知識都是「後驗」的——意即所有知識都來自我們後天的經驗。我們會先經由感官對世界萬物進行初步觀察，而這些觀察則會在我們進行歸納推理後變得更加複雜。

經驗主義大致可分為以下3類：

◉古典經驗主義

「古典經驗主義」其實和前面提到洛克的白板理論息息相關。這類經驗主義完全否認人類生來就具有知識的概念，並認定我們出生時必然一無所知。在古典經驗主義的框架下，我們必須先對周遭世界有所體驗，才能開始收集資訊和產生知識。

◉激進經驗主義

說到「激進經驗主義」響亮的名聲，就必須歸功於美國的一名哲學家——威廉・詹姆士。這種激進的經驗主義主張我們所有知識都由感官得來，由此可得出以下結論——每個命題的意義都跟可證實此命題的經驗有著密不可分的關係，而這樣的概念又稱為「檢證原則」。

檢證原則隸屬於一種叫作「邏輯實證主義」的極端經驗主義，而這種經驗主義現在已經沒落了。根據邏輯實證主義，所有知識都來自感官經驗，因此我們絕對無法談論沒有經歷過的事物。換句話說，若一命題與我們的經驗之間沒有任何連結，此命題就失去意義了。若邏輯實證主義真的成立，我們就得拋棄所有宗教信仰和倫理道德，因為我們無法用經驗來證明這些概念是真的。換言之，在邏輯實證主義的框架下，宗教和倫理都沒有任何意義。

◉溫和經驗主義

「溫和經驗主義」的觀點比起激進經驗主義來得可信許多。溫和經驗主義承認，有些知識並非是由感官習得（但這種情況仍被視為例外）。舉例來說，「9＋4＝13」這個算式的真實性就完全不需要透過感官經驗來證實。但是，在溫和經驗主義的框架下，真正重要的知識還是必須以經驗來獲得。

❖理性主義

「理性主義」就是主張「知識源自理性，而非來自感官」的理論。信奉理性主義的人認為，若不是天生就具有對原則和類別的知識，人類是無法將感官所得的資訊進行組織和詮釋的。因此，根據理性主義，人類必然有某些與生俱來的知識，且能運用演繹推理來拓展這些知識。

如果你認同理性主義，一定會同意下列論點中的至少一項：

◉直覺／演繹論點

這個論點主張，有些命題是我們單靠直覺就能知道的，而其他命題則可以由這些直覺得出的命題進一步推導出來。在理性主義的框架下，直覺其實也是一種理性見解。透過演繹推理，我們得以使用有效的論證方式，從直覺得出的前提中推導出結論。換句話說，如果某個結論所奠基的前提為真，其結論也必定是真的。一旦我們習得某項知識，就可以由這項知識來推導出其他知識。

舉例來說，我們單憑直覺就可以知道數字5是一個質數，且其值小於6。接著，我們就能推導出「世界上存在一個小於6的質數」這個結論。用這樣的方法獲取的任何知識都是「先驗」的——也就是說，這些知識並非透過感官所得來。理性主義者會用直覺／演繹論點來解釋各種知識的來源，例如：數學、倫理學、自由意志，甚至是形上學（如：上帝存在的知識等等）。

◉先天知識論點

這個論點認為人類具有理性的本質，因此天生就知道某些領域中的一些真理。如同直覺／演繹論點，先天知識論點也主張我們的知識都是先驗的。然而，根據這個論點的說法，知識並非從直覺或演繹所得來，而是生來就是我們本質的一部分。至於這些先天知識的來源究竟為何，每位哲學家給出的答案都不太一樣。有些哲學家相信這些知識來自上帝，而有些人則認為這些知識是天擇的產物。

◉先天概念論點

這個論點主張，人類天生就具有可以應用於特定領域的一些概念。雖然有些知識並非直接來自感官經驗，但經驗可以開啟一段歷程，讓這些知識進入我們的意識中；而儘管經驗可以觸發這樣的過程，但其本身並不包含特定概念，也無法決定我們所接收到的訊息為何。這樣的觀點與先天知識論點有些不同，先天概念論點認為知識是從人們與生俱來的概念中推導而來。一概念與經驗間的關係愈薄弱，我們就愈能確信這個概念是我們與生俱來的。舉例來說，「幾何形狀」的概念就比起「痛覺」更像是與生俱來的，因為前者與感官經驗的關聯性比起後者來得低。

雖然經驗主義和理性主義是對同一問題的不同解法，但兩者之間的關係有時候並不是非黑即白的。舉例來說，戈特弗里德・威廉・萊布尼茲和巴魯赫・斯賓諾莎這兩位理性主義的代表性哲學家都認為，雖然理論上知識是可以純粹由理性而得，但實際上除了數學這類特殊領域外，這樣的論點似乎不太可能成立。

伏爾泰（一六九四～一七七八年）

懷疑主義

❖極具爭議性的哲學家

一六九四年十一月二十一日，本名為弗朗索瓦－馬里・阿魯埃的伏爾泰出生於法國巴黎。伏爾泰是啟蒙運動時期最重要的哲學家之一，其畢生著作涵蓋的主題之多（包括哲學、戲劇、小說、歷史、詩詞、散文及科學等領域）使我們不能單純將他定義為一名傳統意義上的哲學家。

伏爾泰出身於中產階級家庭，母親為貴族後裔，父親則是一位公務員兼公證人。在他7歲那年，伏爾泰的母親便不幸去世。自此，他便和教父夏多那福——一位自由思想家——建立了深厚的關係，而這位教父也對伏爾泰的生活與思想產生深遠的影響，不但教導他文學和自然神論，更訓練他對各種迷信抱持懷疑態度。

一七〇四～一七一一年間，伏爾泰在巴黎的路易大帝中學接受正規教育，同時展現出語言學習上的天賦（他小時候就已經學過希臘語和拉丁語，後來更精通了英語、西班牙語和義大利語）。雖然伏爾泰的父親希望他成為律師，但剛從中學畢業的他卻已然決定踏上寫作這條路。由於他的父親執意認為寫作對社會毫無貢獻，伏爾泰只好一邊騙父親說自己正在擔任律師助理，一邊暗地裡寫了許多諷刺詩。他父親發現真相後，便將他送至法律學校就讀，但伏爾泰對寫作的熱情依舊，並逐步融入巴黎的知識份子圈中。

伏爾泰的一生中都充斥著與法國當局的頻繁衝突，導致他數次遭到監禁和流放。一七一七年，也就是伏爾泰20幾歲時，他就因撰寫嘲諷路易十五攝政王的詩作，而被關進惡名昭彰的巴士底監獄，刑期長達11個月。在獄中，他寫下自己的首部劇作《奧德帕（Oedipe）》，並因此一炮而紅。他正是在這時開始使用「伏爾泰」這個筆名，後人則將此視為他寫作生涯的分水嶺。

一七二六～一七二九年，伏爾泰因觸怒一名貴族而被迫流亡至英國。在英國，他深深受到約翰・洛克和艾薩克・牛頓爵士的影響，並對接受宗教自由及言論自由的英國憲政制度留下深刻印象。回到巴黎後，他寫下《哲學通信（Philosophical Letters on the English）》以記錄自己在英國的所見所感，並於一七三三年出版成書，該書引發了法國政府與教會的激烈反響，迫使伏爾泰再度逃離巴黎。

接下來的15年間，伏爾泰都與其情人兼合作夥伴——埃米莉・沙特萊一同在法國東北部過著流亡生活。期間，他們共同研究科學、歷史、小說及哲學等主題（尤其是在形上學方面，他們深入探討了聖經的正當性和上帝的存在）。伏爾泰不僅倡導宗教自由與政教分離，還徹底放棄了自身的宗教信仰。

一七四九年，沙特萊去世後，伏爾泰便搬到波茲坦，隨即受到腓特烈大帝的賞識，並在其手下工作。但到了一七五三年，他因詆毀柏林科學院院長而再次捲入爭議。此後，伏爾泰便在歐洲各城市間遊走，終因屢遭各國禁止入境而定居於瑞士邊境，並在此寫下膾炙人口的《憨第德（Candide）》。

一七七八年，伏爾泰以83歲的高齡返回巴黎，並受到民眾的熱烈歡迎。然而，他在同年的五月三十日便與世長辭了。

❖伏爾泰的哲學思想

伏爾泰的哲學深受當時英國哲學家約翰・洛克以及懷疑經驗主義的影響。他不僅公開批判宗教，還將矛頭指向笛卡兒的哲學思想，更嘲諷宗教及人文主義形式的樂觀主義。

◉對宗教的看法

伏爾泰堅決主張宗教自由。雖然他不是無神論者——事實上，他自認為是一位自然神論者——但他十分反對天主教等組織分明的宗教，認為聖經只是前人寫出來的一本充滿隱喻的道德參考書，而其內容也早已過時。伏爾泰認為上帝的存在應基於理性而非盲信（因此並不需要盲目信仰特定宗教），他曾說過這樣一句名言：「假設上帝並不存在，我們就有必要將祂創造出來。」

◉對政治的看法

伏爾泰十分不認同法國的君主制以及不平等的權力結構。他認為，當時法國的資產階級太過弱小無能、貴族階級太過貪汙腐敗、平民階級則太過無知且迷信。此外，他認為教會唯一能發揮的作用，就是利用宗教稅收建立勢力，以對抗君主。

伏爾泰心目中最理想的政府形式，是他在英國目睹的憲政君主制。他對民主抱持懷疑態度（並稱其為「愚民政治」），認為在哲學家引導下的開明君主才能領導法國走向富強之路（這也符合君主本身的最佳利益）。

◉享樂主義

伏爾泰的自由理念（或者說他整個哲學思想體系）都深植於對享樂主義道德的堅持，這點在他的詩作中尤其明顯，其中描繪了透過性自由實現道德解放的情景。在伏爾泰看來，真正的道德源於對個人幸福的正面態度，因此其倫理思想也十分強調快樂的最大化與痛苦的最小化。享樂主義不僅是其哲學核心，也衍生出他對宗教的諸多批判——尤其是針對天主教對性的限制、神職人員的獨身誓言以及身體苦行的規範。對於這些教條，伏爾泰都用尖銳的言辭予以質疑。

◉懷疑主義

伏爾泰將懷疑主義視為其哲學基石，這是與笛卡兒等哲學家截然不同的觀點（伏爾泰對笛卡兒的著作極度不滿）。他認為，那些企圖以系統化的連貫論述來解釋世界的哲學家，不過是撰寫了一系列的「哲學小說」而已，笛卡兒就屬於這類型的哲學家。在伏爾泰眼中，這樣的哲學是毫無價值的，甚至不配稱為哲學，只是虛構的小說罷了。他主張，哲學的真諦在於認識到有些現象是無法解釋的，而真正的哲學家應該努力把人們從諸多教條和非理性法則中解放出來。

此外，伏爾泰也透過懷疑主義來為自己追求自由的思想辯護，堅信沒有任何權威是至高無上而不容質疑的。因此，他的著作充滿了對各種權威（無論是君主制、宗教還是社會觀念）的挑戰和質疑。在伏爾泰的寫作生涯中，他充分運用自己幽默諷刺的筆觸來質疑各種哲學理念。舉例來說，在他最知名的作品《憨第德》中，他便對戈特弗里德・萊布尼茲的宗教樂觀主義進行了尖銳的諷刺。

◉形上學

伏爾泰十分尊敬艾薩克・牛頓爵士，認為在牛頓的科學成就帶領下，科學正在逐漸與形上學劃清界限。他主張應該將形上學徹底從科學領域中剔除，並持續公開倡導這樣的理念。

盧梭（一七一二～一七七八年）

人民主權

❖為自由奮鬥

一七一二年六月二十八日，讓－雅克・盧梭出生於瑞士的日內瓦。他的母親在他出生後不久就不幸過世，而他的父親則棄他於不顧。因此，12歲之前的盧梭總是在親戚、雇主、伴侶和保護人的住處間流離。一七四二年左右，當時的盧梭在巴黎擔任音樂老師，同時兼任樂譜抄寫員。就在這時，他結識了啟蒙運動的重要人物之一——狄德羅。後來，盧梭自己也成了啟蒙運動的核心人物（雖說他和啟蒙運動在思想上和人際上的關係都有些複雜）。

一七五〇年，盧梭因《論科學與藝術（Discourse on the Sciences and Arts）》這篇論文而首次得到大眾的認可。當時，第戎學院舉辦一場論文比賽，題目是「科學與藝術的復興是否可以矯正道德風俗」。奪得冠軍的盧梭在論文中主張，文明的進步其實反而會敗壞善良風俗，而這樣的概念也貫穿了他往後的哲學寫作。

盧梭之後也繼續寫作，其中不少作品（如：知名的政治論文《論人類不平等起源（Discourse on the Origins of Inequality）》等）都備受關注，逐漸鞏固其名聲。然而，一七六二年時他的名望一落千丈，原因就是他出版了《社會契約論（The Social Contract）》和《愛彌兒（Émile）》。這兩本書引發了許多爭議，甚至激起大眾的強烈抗議。當時，憤怒的群眾在巴黎和日內瓦縱火，法國王室也下令拘捕他。盧梭被迫逃離法國，最後落腳於瑞士境內一座名為納沙泰爾的城鎮。在此，他放棄了日內瓦公民的身分，並著手撰寫著名的自傳──《懺悔錄（Confessions）》。

後來，盧梭又回到法國，並和英國哲學家大衛・休謨一同前往英國避難。一七七八年七月二日，盧梭驟然過世。一七九四年，也就是法國大革命期間，當時的革命政府和舊時法國王室的立場截然不同，因此下令將盧梭的骨灰以國家英雄的身分葬於巴黎的萬神殿。

在盧梭著名的哲學作品中，大多都有幾個共同主題，分別是「自由」、「道德」和「自然狀態」。這些作品不但為後來的法國大革命和美國獨立革命鋪好路，更大大影響了西方哲學的樣貌。

❖《論人類不平等起源》

這本書可說是盧梭最著名的政治兼哲學作品之一。其中，盧梭逐一說明其哲學思想中的核心元素。他一一點名人世間存在的各種不平等，並將這些不平等現象分為「自然」和「不自然」。所謂不自然的現象，就表示是我們能夠加以避免的。

盧梭相信人類和萬物一樣，都會受到2大原則——「自保」和「憐憫」驅動。當我們處於自然狀態時，會感到非常幸福且不虞匱乏，並對善惡一無所知。而人之所以有別於其他動物，就是因為具有「可完善性」（雖然我們自己並未察覺）。

「可完善性」賦予人持續進化的能力。人類的心智在社會互動過程中逐漸演進，並獲得理性思考的能力。然而，社會互動也催生出盧梭口中的「虛榮」，使我們開始從相互比較和爭奪上位的過程中獲取幸福感。

在日益複雜的人類社會中，人的虛榮也隨之更進一步——私人財產和勞動力的不均等分配使得窮人遭到剝削，而這些窮人則為了終止剝削而向富人宣戰。這時，富人為了矇騙窮人，決定假造一個宣稱一切平等的政治體系。然而，這樣的社會不但稱不上平等，甚至還有層出不窮的壓迫和不平等存在。

根據盧梭的說法，唯一的「自然不平等」就是體能上的差異，這在自然狀態下就已存在。而在腐化的當代社會中，由法律和財產所招致的不平等，則是不自然且不應存在的。

❖《社會契約論》

說到盧梭最為人所知的著作，大概就是《社會契約論》了。其中有一句千古名言：「人生而自由，卻處處受到桎梏。」

根據盧梭的說法，剛誕生於社會上的我們擁有全然的自由和平等，但文明社會像是層層鎖鏈般箝制了我們與生俱來的自由。

對他來說，統治者的權力唯有在全體人民為了共同生存，而以「社會契約」形式同意政府的治理時，始具有正當性。盧梭將這些立下社會契約的人民稱為「主權者」，主權者應當時為人民共同的需求發聲，並維護人民之共同利益，不應受個人意見或慾望所左右。他將這樣的概念稱為「共同意志」，這也促使了法律系統的誕生。

然而，盧梭並未否定政府的重要性，也知道主權者和政府（可能是君主、貴族或民主政府）之間必然會產生摩擦。盧梭認為，若要減緩這些衝突，主權者就應該定期舉辦聚會，並在聚會中根據共同意志進行投票。而參加這些聚會的，必須是主權者本身；如果由選舉出來的代表參加聚會，主權就不復存在了。不僅如此，在健全的國家中，投票的過程應該採全程匿名。此外，盧梭也支持成立法庭，以協調人民間的衝突，以及主權者和政府間的衝突。

盧梭的《社會契約論》可說是西方哲學史上最重要的著作之一。在政治十分不平等的當時，盧梭清楚表達了「統治者的權力應當建立於被統治者的同意之上」這個概念。他對於個人權利和人民主權的想法顛覆了以往的傳統，因此常被認為是後來人權和民主原則的根基。

啟蒙運動

❖反抗傳統

所謂的「啟蒙運動」指的就是一場思想方面的徹底改革，發生於17世紀晚期到18世紀的歐洲地區（尤其法國、德國和英國）。這場運動不但完全改變了人們看待哲學、科學、政治，甚至整個社會的方式，還從此一改西方哲學的樣貌。從這時起，哲學家就開始反抗各種傳統，尤其是歷史悠久的古希臘哲學。此舉可說是為哲學打開了新世界的大門，學者開始用人類知識和理性的觀點來探討全新的哲學問題。

❖啟蒙運動的起源——科學革命

啟蒙運動的源頭最早可以追溯到16世紀初，也就是科學革命在歐洲萌芽的那段時間。更早以前，大約是6世紀到14世紀中的這段時間，科學幾乎可說是毫無進展。當時，人們所信仰和教授的一切都來自古希臘的典籍，而這些古希臘思想也逐漸融入當時天主教教會的教條之中。直到文藝復興時期，人們才突然重新燃起對大自然的好奇心，而當許多研究結果與教會所宣傳的「事實」有出入時，便引起更多人投入與自然界相關的研究，造成科學發現遍地開花的空前盛況。

約莫16到17世紀，科學發展到達了當時的巔峰，也就是我們所熟知的「科學革命」。當時，尼古拉・哥白尼、約翰尼斯・克卜勒、艾薩克・牛頓爵士和伽利略・伽利萊等人，在科學和數學上的發現不僅對亞里斯多德和天主教教會的學說提出強烈的質疑，更從此改變了人們看待人和自然的方式。此外，以觀察和實驗為根基之科學方法的出現，也讓科學家得以用理性和邏輯來解釋各種理論，並將許多傳統概念從科學中移除。

❖研究真理

啟蒙運動期間，哲學家開始探討自然、知識和人性等不同面向的「真理」。為了更加接近真理，他們採用了以下幾種不同的思考方式：

◉懷疑主義

啟蒙運動期間，哲學家運用懷疑主義達成了許多進展，畢竟這個運動的核心思想就是要質疑現有知識。當時，懷疑主義是哲學家用來拓

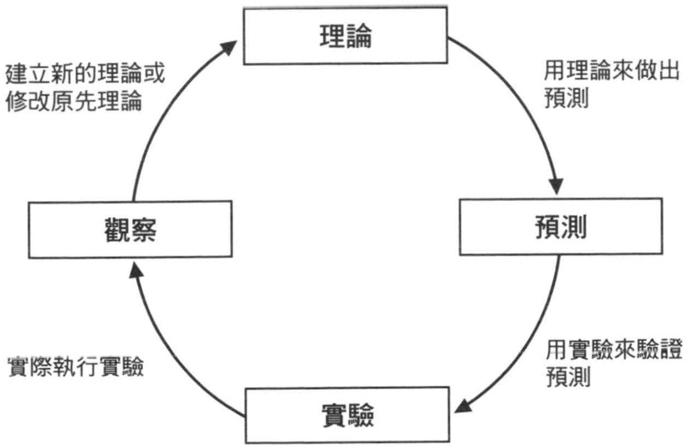

展科學疆域的工具。舉例來說，在《沉思錄．我思故我在》一書中，笛卡兒為了創建新的知識系統，而決定採用懷疑主義來一一檢視該系統中的原則是否確實為真，並因此奠定堅實的基礎。啟蒙運動本就源於對現有原則的懷疑和批判，因此懷疑主義自然而然就在此時期思想家的哲學中扮演了極為關鍵的角色。

◉經驗主義

啟蒙運動有時又被稱為「理性時代」，而相信所有知識都來自經驗的「經驗主義」則在啟蒙運動的沿革中扮演了十分重要的角色。雖然當時的哲學家並不認為理性本身就可以衍生出知識，但他們的確採用了全新的方式來探索人類的認知機能（也就是人類心靈所具有的能力），而其中最為知名的大概就是約翰．洛克了。他將嬰兒的心靈比喻為一塊什麼都沒有的白板，唯有在實際經驗事物之後才會產生出知識。

啟蒙運動時期還有另一位非常重量級的經驗主義者，那就是艾薩克．牛頓爵士。牛頓可說是為科學和數學掀起了一陣又一陣的革命，他的貢獻包含發明微積分和發現重力的存在等等。在研究的過程中，牛頓會先觀察大自然中的各種現象，再運用歸納推理的方法，找出可以描述這些現象的數學公式。後來，同時期的哲學家發現牛頓所使用的「由下至上」方法（如前所述，先觀察自然現象，再以歸納推理得出數學法則的研究方法）通常可以得出非常豐碩的成果；相比之下，傳統上得出第一性原理的方式則十分曠日費時，且常常得不到想要的結果。因此，啟蒙運動時期的哲學家愈來愈傾向採用牛頓的方法來研究新知識。

◉理性主義

哲學領域中，啟蒙運動所帶來的最大改變就是對「理性主義」（主張我們可以完全不依賴感官來獲得新知）的全面接納。其中，又以勒內・笛卡兒的影響最為深遠。在他的著作中，笛卡兒先是假定許多命題為假，再不斷質疑我們的感官，由此得出許多根本性的真理。笛卡兒不只對亞里斯多德的學說提出質疑，更完完全全改變了我們看待知識的方式，為許多全新的知識型態鋪好一條康莊大道。

笛卡兒的哲學衍生出許多問題，讓當時的知識份子爭論不休：

- 我們的心靈和身體是兩個相互分離且截然不同的實體嗎？
- 心靈和物質（包含我們的身體和外在世界）之間的關係是什麼？
- 上帝在我們獲取知識的過程中扮演了怎樣的角色？

而啟蒙運動時期最具影響力的哲學家之一——巴魯赫・斯賓諾莎，就是從這些爭論之中發跡的。探討笛卡兒二元論的過程中，巴魯赫・斯賓諾莎發展出他自己的「本體一元論」，認為世上只存在一種實體——有些人稱之為上帝，有些人則稱之為大自然；而心靈和物質只是此實體的2種不同特質而已。在此，斯賓諾莎將上帝和自然合而為一，間接否定了世上存在一超然於萬物的存有，而這樣的想法則為後來啟蒙運動中的自然主義和無神論開啟了先河。

除了前面提到的笛卡兒和斯賓諾莎之外，啟蒙運動期間還有許多重要的理性主義哲學家。在德國，最重要的哲學家之一便是戈特弗里德・威廉・萊布尼茲。萊布尼茲十分重視所謂的「充足理由律」，主張世界萬物的存在都必須有充足的理由。這樣的概念成為啟蒙運動理想的骨幹，因為在充足理由律中，我們只要運用理性就可以瞭解整個宇宙。

後來，克里斯蒂安・沃爾夫受萊布尼茲的思想啟發，決定研究如何用邏輯和無矛盾律（也就是一命題不可能同時為真又為假）來落實充足理由律的概念。沃爾夫的做法是建立一理性主義的知識體系，用來證明先驗的第一性原理是能夠展現科學真理的。沃爾夫是十分典型的啟蒙運動思想家，會這麼說不是因為他不斷嘗試運用理性來證明自己的論點，而是因為他試圖運用「人類的理性」來證實自己的觀點。

❖美學

啟蒙運動也是當代美學（這邊指的是哲學上的美學）萌芽並綻放光彩的時期。亞歷山大・鮑姆加是一名德國哲學家，他曾經是沃爾夫的學生，同時是美學的創始者兼命名者。鮑姆加認為「美學」即是研究「美」的科學，並將之與「感性」的科學劃上等號。也就是說，他所定義的美學就是一種研究感性認知的科學。

為何美學在啟蒙運動中如此受歡迎呢？原因其實不少：其一，啟蒙運動的核心即是重新發覺感官和快樂的重要性；其二，當時藝術創作和藝術評論都十分盛行，因此哲學家也開始重視「美」的概念。他們甚至認為，我們理解美的方式有助於瞭解大自然的理性秩序。

◉德國理性主義

18世紀的德國，美學絕大部分都是以沃爾夫的理性形上學為根基。沃爾夫支持傳統的「美即是真理」原則，認為美就是被我們詮釋為「快樂」的真理。此外，他也認為「美」本身即是完美的，而這會帶來和諧和秩序。若我們感受到愉悅而覺得某個東西很美，我們心中便會產生一種完美或和諧的感受。換句話說，「完美」在我們的感性認知中會以「美」的樣態呈現。根據沃爾夫的說法，雖然美必然與事物的物理性質有關，但對於美的想法則是相對而非絕對的，因為每個人的感覺都有所不同。

◉法國古典主義

啟蒙運動時期，法國哲學家看待美的方式深受笛卡兒的「物理宇宙模型」（主張用現有知識演繹推理出新知，以建立宇宙中一體適用的原則）所影響。法國古典主義和德國理性主義有些類似，同樣視「美即是真理」的古典原則為美學根基。對於法國哲學家來說，真理即是客觀的理性秩序，而藝術則是在模仿理想狀態的自然樣貌。因此，古典主義的哲學家試圖以研究自然科學的方法來研究美學。就像笛卡兒所提出的模型一樣，這些哲學家為了得到宇宙通用的原則，而不斷嘗試將美學的概念系統化。

◉主觀主義和經驗主義

雖然為美學打下堅實基礎的主要是法國和德國，但在啟蒙運動時期，許多探討美學的重要作品其實都來自英國和蘇格蘭。主觀主義和經驗主義的思潮將美學探討的主軸轉移到觀者對美的理解上，於是哲學家開始關注人們對美的體驗和反應。

沙夫茨伯里爵士是這個時期的重要思想家之一，他雖然同意「美即是真理」這個原則，卻不認為這邊指的真理是我們有辦法確切掌握的客觀理性秩序。對沙夫茨伯里爵士來說，我們對美的反應是一種無私且無關自身利益的愉悅。也就是說，我們對美的反應和自利思考模式毫無關聯（這樣的想法後來也影響到沙夫茨伯里爵士的倫理學觀點）。他認為，美是一種不受人類心靈侷限的和諧，而我們接觸到美的瞬間所迸發的感受，會讓我們短暫成為這種和諧的一部分。

後來，沙夫茨伯里爵士將研究重心轉移到我們對美所做出反應的本質。他認為，我們對美的反應會使我們在道德層面獲得昇華，超脫自身利益的束縛。從原先研究美的本質，到後來轉而關注人類跟美相關的行為，沙夫茨伯里爵士將美學的觸角從美本身延伸到道德和倫理等議題，更加激起人們對人性的好奇，促成啟蒙運動的拓展。

隨著啟蒙運動進展，較晚期的哲學家（如：伊曼努爾・康德、大衛・休謨等人）都進一步延伸了經驗主義和主觀主義的思維，尤其是關於「想像力」在其中所扮演的角色。

❖政治、倫理和宗教

啟蒙運動最著名的大概就是在政治方面所帶來的貢獻了。世界上幾次驚天動地的革命都發生在啟蒙運動時期，包含英國光榮革命、美國獨立革命和法國大革命。當時，哲學家開始重視人性相關問題，並時常批判教會和君主所宣傳的真理。因此，那時候的社會和政治氛圍自然而然成為他們仔細檢視的對象。

這些革命支持者相信，政府和社會的權力都建立於含糊不清的傳統和迷信上，因此他們開始推行自由、平權和人權等概念，並宣揚具有正當性之政治體系是不可或缺的。當時的哲學家不只批判政府，更進一步提出許多理論，探討理想政府應該是什麼模樣。從此之後，人們逐漸開始接受宗教自由和政府分權制衡等概念。而在這段期間，最具影響力的就屬約翰・洛克和湯瑪斯・霍布斯的政治著作了。

隨著人們對政治和社會的看法逐漸改變，倫理和宗教觀點也經歷了不小的轉變。當時，快速的工業化和都市化，加上以宗教為由的諸多戰爭，促使人們（尤其是哲學家）開始質疑幸福、道德和宗教背後的隱藏動機。哲學家不再相信與神之間的連結可以帶來幸福，也不再根據宗教的信條決定事物的善惡，而是轉而探討人性本身，嘗試找出快樂人生背後的祕辛。

此外，啟蒙運動時期的哲學家也提倡去除宗教中迷信、超自然和宗教狂熱等元素，讓宗教變得更加理性。因此，人們對天主教教會的怒火加劇，導致新教勢力逐漸興起。

啟蒙運動時期的宗教主要有以下4種樣貌：

①**無神論**：根據德尼・狄德羅的說法，無神論主張人們不應該在超自然的存有身上找尋自然秩序的原則，而應檢視自己身上的各種自然歷程。啟蒙運動期間，無神論的思想在法國最為盛行。

②**自然神論**：自然神論認為，宇宙是由一至高無上的存有所創造和統御的。這個存有雖然在創世時就對萬物有所規劃，但祂並不會干預萬物的實際運行狀況。自然神論和啟蒙運動之間有著緊密的連結，反對神

蹟和神啟等概念，認為太陽光本身即是這個至高無上存有存在的證明。此外，自然神論認為耶穌基督並非一位神，而更像是一位優秀的老師，教導人們道德相關的知識。最後，自然神論也雙手擁抱自然科學的進展，認為科學研究所發現的世界秩序都是由神所創造。

③心靈宗教：心靈宗教認為，自然神論中的神實在太過理性，距離人類的苦難太過遙遠（因此無法達成宗教撫慰人心的目的），而盧梭和沙夫茨伯里則是心靈宗教的忠實擁護者。奠基於人類感性層面的心靈宗教有時又被視為自然神論的一支，但其實心靈宗教是一種非常「天然」的宗教信仰，完全沒有任何「人造」的敬拜儀式及形上學的底子，反而是將重點放在人類自然而然會產生的各種情緒上。

④唯信論：啟蒙運動期間出版的許多書中，最重要的大概就屬大衛．休謨的《自然宗教對話錄（Dialogues Concerning Natural Religion）》了。這本著作出版於一七七九年，也就是在休謨過世後才正式出版。書中，身為無神論者的休謨大力批判「世界是由一至高無上之存有所創造」的觀點，他認為這樣的看法大錯特錯，人類是具有存在狀態和理性的。唯信論認為，所有理性批判都難免會有宗教信仰成分，因為宗教信仰本身是十分「天然」的。也就是說，唯信論認為我們不需要有理性就能信仰宗教——我們唯一需要的就只有「信仰」而已。有些唯信論者甚至認為，就算信仰和理性之間有所衝突，仍不會有損其正當性。

啟蒙運動不但否定了許多古希臘時期的傳統思維，更強調出人類自身的理性和知識，可說是完全改變了人們看待哲學、科學、政治甚至整個社會的方式，也為西方哲學賦予全新的樣貌。

康德（一七二四～一八〇四年）

批判哲學

❖人類理性與當代思潮

伊曼努爾・康德可說是史上最重要的哲學家之一，他的著作從此徹底改變了西方哲學的樣貌。一七二四年四月二十二日，康德出生於東普魯士的柯尼斯堡。他的家庭成員眾多，家中經濟狀況只能算是勉強過得去。隨著他年紀漸長，當時盛行的新教運動——「虔敬運動」在他的家庭生活中扮演著重要的角色，更深深影響了他後來的哲學著作。

在他8歲那年，康德進入腓特烈學院就讀，並在其中學習古典主義。一七四〇年，康德離開腓特烈學院，進入柯尼斯堡大學研讀數學和哲學。一七四六年，康德的父親過世，突然身無分文的他為了付學費而當起私人家教。這樣的日子持續了7年，而康德也在這段期間將自己的許多哲學思想出版成冊。

康德在柯尼斯堡大學擔任15年的講師後，終於在一七七〇年當上邏輯學和形上學的教授。在他57歲那年，康德出版了《純粹理性批判（Critique of Pure Reason）》一書，成為史上最重要的哲學著作之一。書中，康德以2種不同方式詳細討論人類心靈如何組織經驗，分別為世界形成的方式以及人類思考世界的方式。

接下來的27年，康德持續在柯尼斯堡大學任教，同時寫出許多重要的哲學作品。然而，因有傳言指出康德以不正統的方法教授宗教文本，普魯士政府開始對他施壓。一七九二年，普魯士國王下令禁止康德從事宗教相關的書寫和教授，直到5年後國王逝世前，康德都遵守著這條禁令。

在他於一七九六年退休前，康德都一直在同一所大學教書。雖然康德的人生相對平淡無奇，但他在哲學上的貢獻可說是完全相反。

❖康德的批判哲學

康德的著作不僅涵蓋範圍極廣，還極為複雜。雖說如此，他全部的作品仍有一共同主題——會運用「批判法」來理解各種哲學問題，並藉此找出解方。康德相信在哲學領域中，我們不應對周遭世界做出盲目的猜測，而是應該對自己的心智能力進行批判。我們應深入探討那些習以為常的事物，理解並界定我們知識的極限，以及探究我們的心智歷程如何影響自己思考事情的方式。康德相信許多哲學問題的解答並非經由對外在世界做出猜測而得，而是透過潛心觀看內在才能獲取。正因如此，康德逐漸將焦點從形上學轉到知識論（也就是探討人類知識的學問）上。

◉先驗唯心論

若想要知道康德的「先驗唯心論」究竟是什麼，就得先瞭解他所區分出的2種不同概念——「現象」和「本體」。

根據康德的說法，「現象」意指由我們心靈所詮釋出來的現實或表象；「本體」則是在心靈詮釋之外獨立存在的事物。

康德主張，我們僅能得知心靈所呈現給我們的世界，永遠無法真正知道外在世界是什麼樣子。換句話說，我們現在和未來所能掌握的知識，都僅限於「現象」中的知識而已；「本體」的知識對我們來說始終都會是未知的。

哲學領域中，唯心論涵蓋許多不同的概念，而這些概念的共通點就是都相信世界並非由實體事物所組成，而是由心靈概念所建構而成。然而，康德在他的先驗唯心論中並未否定外在現實的存在，也不認為心靈概念是比實體事物更根本的存在。康德主張，我們的心靈會將現實放到特定脈絡中，進而限制外在現實，而我們則永遠無法超脫這樣的限制。

◉先驗綜合命題

康德一直想要知道，明明經驗的本質是獨立且特定的（舉例來說，我們的視覺和聽覺經驗就是各自獨立的），我們何以從自身經驗推得普世真理呢？既然我們無法實際經驗到（像是看到、聞到、摸到）因果的法則，又何以推論事物間的因果關係呢？

在此，康德區分出2種不同的命題：

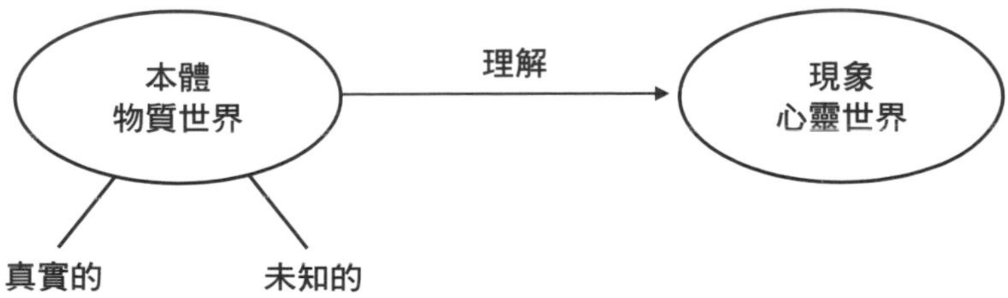

①分析命題：當述詞的概念包含在主詞中時，就稱為「分析命題」。舉例來說，在「所有的正方形都有四個角」這句話中，「四個角」就是「正方形」定義中的一部分。

②綜合命題：當述詞的概念不包含在主詞中時，就稱為「綜合命題」。舉例來說，在「所有女人都很快樂」這句話中，「快樂」並非「女人」定義中的一部分。

除此之外，康德又區別出2種命題：

①先驗命題：當我們不需要仰賴任何經驗就可以判別一命題的真假時，此命題就稱為「先驗命題」。舉例來說，「8＋6＝14」和「所有老鼠都是嚙齒動物」就都屬於此類命題。

②後驗命題：當我們需要仰賴經驗才能判別一命題的真假時，此命題就稱為「後驗命題」。舉例來說，「所有女人都很快樂」這個命題就需要靠經驗來判斷其真假。

這時候，康德提出了一個問題——所謂的「先驗綜合命題」有可能存在嗎？換句話說，我們要如何在一命題既不涉及定義且非不證自明的情況下，還能知道其是普世且必然為真的？最後，康德得出的結論是，先驗綜合命題的確有可能存在。

根據康德的說法，經驗在我們的心靈中會依據既定的類別排列，而這些類別會成為這些經驗普世而必然為真的特質。舉例來說，我們並非無法在大自然中找到因果關係；相反地，因果關係本來就是我們心靈中的一項特質，因此我們總是能感知其存在。甚至可以說，就算我們不想感知到因果也不行。康德認為，我們正是經由這些先驗綜合命題來逐步發展出真正的知識。

❖康德的倫理觀

康德是所謂的「義務論者」，深信一行為是否道德應由其背後的動機來決定（與義務論者持相反觀點的稱為「結果論者」，傾向由行為後果來判定其道德與否）。根據康德的說法，人類有能力深入思考自己的行為，並為其提供解釋，因此道德判斷應該以行為背後的原因作為依據。行為能否帶來好的結果固然重要，而我們也應盡力爭取最佳結果，但有時候我們的動機並不能影響後果。因此，動機雖然可以為行為背書，卻不能全然控制行為的後果。換句話說，動機只需要為背書某行為負責任而已，我們僅能判斷動機和行為是否道德。而正因行為的道德與否是由動機所決定，行為的好壞也是由動機所得來。

康德主張，做出不好的行為就等於違背了由自身理性所建構的行為準則，或是在普世法則之外另闢出無法與其相容的準則。換句話說，「壞」的概念即是理性法則遭到破壞所造成的結果。因此，我們可以得出以下結論：不道德的行為其實就是一種不理性的行為，因為違反道德即是違反了理性法則。康德相信，若我們做出不道德的行為，就會因此成為更不理性的人，進而減損我們的人性。唯有透過理性思考和行動，才能避免做出與我們認為最正確的決定相違背的事。

黑格爾（一七七〇～一八三一年）

辯證法

❖他人的力量

格奧爾格・威廉・弗里德里希・黑格爾的父親期望他成為一名神職人員，因此黑格爾在一七八八年進入圖賓根大學的神學院就讀。這段期間內，黑格爾結交了2位好友——弗里德里希・荷爾德林和弗里德里希・威廉・約瑟夫・馮・謝林。這兩人後來分別成為偉大的詩人和哲學家，而這3名友人在往後也持續對彼此的著作產生深遠影響。

畢業後，黑格爾決定不走上牧師之路，而是在法蘭克福開始私人家教的工作。他的父親過世後，黑格爾所繼承的家產就足以維繫生活，故他決定全心全力投入宗教和社會哲學的研究中。一八〇〇年，黑格爾接觸到伊曼努爾・康德的作品，並對其哲學觀產生極大的興趣。一八〇一年，康德跟馮・謝林一起搬到耶拿，且兩人皆受聘於耶拿大學擔任講師。在這處藝術和思想雲集之地，黑格爾下定決心要讓自己的哲學思想涵蓋神學、康德的唯心論、浪漫主義，以及當代的政治及社會議題，並開始著手出版自己的哲學著作。

一八〇七年，黑格爾出版了他最知名的著作之一《精神現象學（Phenomenology of Spirit）》。書中，黑格爾深入探討自己對精神、意識和知識等主題的觀點。接著，黑格爾又將其哲學觀點系統性地整理在2套著作中——一八一七年出版、共分為3部分的《哲學科學全書綱要（Encyclopedia of the Philosophical Sciences）》，以及一八二一年出版的《法哲學原理（Elements of the Philosophy of Right）》。書寫《法哲學原理》的過程中，黑格爾結合了自己的哲學思想及對當代政治社會制度的批判。

在他過世的前幾年，黑格爾便已成為一名舉足輕重的人物，他的影響力甚至延伸到神學、文化理論和社會學等領域，更常被視為馬克思主義的先驅之一。

❖辯證法與精神

黑格爾的作品出現前，辯證法這個詞被用來描述透過辯論和反駁來確定首要原則的過程（就像蘇格拉底那些著名的對話錄一樣）。然而，黑格爾對辯證法這個詞的使用方式截然不同。

黑格爾和康德同樣是一名唯心主義者，認為心靈只能接觸到跟世界表象有關的概念，卻永遠無法完全知曉世界的本質。然而，與康德不同的是，黑格爾認為這些概念是社會性的，意即這些概念完全是由他人的概念所形塑而成。在黑格爾的心目中，我們的心靈是由語言、社會中的傳統，以及宗教和文化制度所塑造。換句話說，以上這些社會中的集體意識（黑格爾稱其為「精神」）會負責塑造出一個人的意識和觀念。

此外，黑格爾和康德還有另一不同之處——黑格爾認為這種「精神」會不斷進化。根據黑格爾的看法，精神進化的模式與概念，在辯論中發展的模式（即「辯證法」）相同。辯證過程中，會先出現一個關於世界的概念（即「正題」）。而這個論點本身是有瑕疵的，於是「反題」就會應運而生。最後，正題和反題會達成和解，產生出「合題」，其中同時包含了正題和反題的元素。

對黑格爾來說，社會和文化也都會遵循這樣的發展模式。因此，他認為要瞭解人類歷史的全貌其實不需要任何經驗的輔助，只要運用我們的邏輯思考就行了。

❖社會關係

黑格爾同意康德的觀點，認為我們意識到一個客體的同時，就代表我們意識到了自我（意識到客體就表示主體必然對正在感知該客體的自身是有所意識的）。對此，黑格爾也加入自己的一些見解。他認為自我意識不只和一組主體客體有關，也會牽涉到其他主體──因為我們通常是在有他人在場時，才會真正意識到自己。因此，根據黑格爾的說法，真正的自我意識是社會性的。唯有另一意識存在時，我們才會為了檢視自己的形象而從別人的角度來看世界。

此外，黑格爾也將這樣的概念比喻成地位不對等的主奴關係。在這樣的關係中，依附的一方（稱為「奴隸」）會對自己的階級有明確意識，而受到奴隸依附的一方（稱為「主人」）則得以享有「不必理會奴隸意

合題（正題）

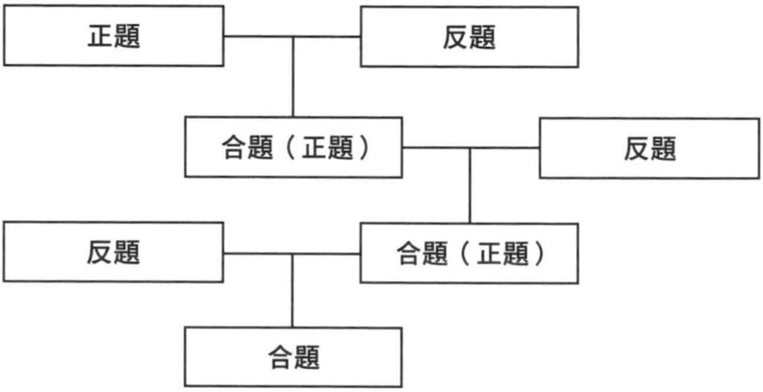

識」的自由。然而，這樣的自由也會讓主人產生罪惡感，因為他必須否認自己和奴隸之間的相互認同，才能保有這種優勢地位。故這種互動關係——即不斷爭取客體化和相互認同的同時，也保持一定的獨立性，並嘗試與他人建立深度聯繫——就構成了社會生活的基礎。

❖倫理生活

黑格爾將「精神」的其中一種文化表現形式稱為「倫理生活」，反映的是社會中人際之間相互依存的現象。生於啟蒙運動時期的黑格爾認為，當時的社會愈來愈不重視社會關係。在啟蒙運動之前，人們的身分和地位是按照社會階級來劃分；但隨著啟蒙運動開展，以及其中幾位關鍵思想家（如：洛克、盧梭、康德和霍布斯等人）的出現，人們開始逐漸將重心轉移到個人身上。

黑格爾相信，當代國家必定會設法改善這種失衡狀況，並認為國家必須成立能夠同時捍衛個人自由以及維護道德生活和社會關係的機構。舉例來說，黑格爾認為國家有責任要救濟窮人、管控經濟，並成立不同行業的相關組織（有點類似現在的工會），以增加人們在社會中的歸屬感，並強化個人與社會整體的連結。

效益主義

分析道德行為時，有2個問題是我們常常會問到的：

❖丈量幸福

①是什麼決定了一行為的好壞？

②哪些事是好的？哪些事是壞的？

所謂的「效益主義」一開始是由傑瑞米・邊沁所提出，後來由約翰・史都華・彌爾進行一些修改。效益主義可說是最結果論的一種理論，主張「幸福」是唯一有價值和唯一本身就是善的事物。雖說其他事物也有其價值，但這些價值都只是因為這些事物所帶來的幸福而間接產生的。

◉傑瑞米・邊沁（一七四八～一八三二年）

受到休謨和霍布斯的影響，英國哲學家傑瑞米・邊沁在他一七八九年出版的著作——《道德與立法原則概論（Introduction to the Principles of Morals and Legislation）》中為效益主義打下基礎。書中，他首次提出「效益原則」——當一行為可以造就最大幸福時，該行為就會受到認可。

邊沁所定義的「幸福」，即是有快樂而無痛苦的狀態。他建立了稱為「幸福演算法」的公式，用來計算各種快樂和痛苦所蘊含的價值。計算價值的時候，邊沁所關注的是這些快樂和痛苦的強度、確定性、持續時間和距離遠近。接著，他進一步認為若一行為能夠增加愈多的快樂和減少愈多的痛苦，該行為就是愈「好」的行為。這樣的理論被認為是享樂主義的一種，因為其主張快樂和痛苦是唯一具有價值的事物。此外，這個理論也被稱為「行動效益主義」，因為其直接將效益的概念應用在單一行動上。

對邊沁來說，效益主義的根基即是行為所帶來的後果。他尤其強調群體幸福，認為群體幸福就等於群體中所有個體幸福的總和，因此是最重要的。也因如此，在效益原則中，行為背後的道德義務之基礎就是希望該行為能為最多人帶來最大的幸福。在邊沁的眼中，量比質來得重要許多。也就是說，無論快樂的本質是複雜還是單純，每一種快樂都是等值的。「數大即是美」是邊沁堅守的信念。

在對犯罪的看法上，邊沁認為政策的好壞應由其所影響群體的整體福祉來決定，而懲罰作奸犯科者則可以有效遏止犯罪，促使人們去比較犯罪帶來的好處和懲罰所帶來的痛苦。

◉約翰・史都華・彌爾（一八〇六～一八七三年）

約翰・史都華・彌爾可說是邊沁的忠實信徒兼追隨者。彌爾將邊沁的理論進行修改和延伸，並在一八六一年出版《效益主義（Utilitarianism）》一書。

對於邊沁理論中的概念，彌爾大多都十分同意，並針對這些概念進行強化和延伸。然而，其中有一個概念是他無法苟同的，那就是「量大於質」這件事。彌爾認為，若按照邊沁「不論品質」的觀點，人類的快樂就和動物的快樂沒什麼兩樣了。若真是如此，人類的道德層級也會和動物並無二致。

雖然彌爾認為快樂有品質上的差異，但他同樣主張快樂的品質是無法被量化的（故邊沁試圖量化快樂的「幸福演算法」是不太合理的）。在他的眼中，只有那些親身體會過高層次快樂和低層次快樂的人才能夠判別出快樂的層級。而這樣的經歷會讓我們逐漸發展出重視高層次快樂的道德價值觀（這裡的「高層次快樂」大多被認為是智性快樂）。即使短期來說低層次的快樂可能更強烈（這裡的「低層次快樂」大多被認為是肉慾快樂），但這樣的價值觀仍會促使我們持續追求較高層次的快樂。

根據彌爾的說法，要得到幸福是非常困難的。因此，若我們只想透過行動來減少自身痛苦，而非試圖增加自己的快樂，這樣的想法在道德上是可被允許的。此外，彌爾所提出的效益主義也允許我們犧牲自身快樂（甚至經歷苦痛）以換取所有人的安樂。

有些人批評效益主義對人性的要求太過嚴苛。對此，彌爾做出以下解釋——大多數的善行都並非出於「改善世界」這樣宏大的意圖，而是為了改善世界上某些人的生活。大多數人在意的是這種私人效益，而真的有能力改善世界的人則是少之又少。

❖各類效益主義

效益主義又可分成好幾種類別，其中有2類最為知名，分別為「行動效益主義」和「規則效益主義」。

◉行動效益主義

「行動效益主義」的世界裡，我們永遠只會考慮單一行動所造成的後果。如果某行動可以為最多人創造出最佳（或傷害最小）的結果，我們就會說這個行動在道德層面上是正確的。換句話說，行動效益主義關注的是個別行動。每當我們做出某行動時，就要計算該行動所帶來的效益。而一行動是否道德，就取決於其是否能為最多人帶來正面效益。

然而，行動效益主義也招致不少批評，主要理由有二。首先，在行動效益主義的框架下，我們很難對行動所造成的後果產生全面性理解。此外，這樣的思考模式有時候甚至會合理化一些不道德的行為。舉例來說，假設現在有兩國正在打仗，而終結這場戰爭的方法是找出一名銷聲匿跡的男子。在這樣的情況下，行動效益主義就會主張為了得到男子的藏身之處而嚴刑拷問他的小孩是符合道德的行為。

◉規則效益主義

若說行動效益主義在意的是單一行動結果，規則效益主義關注的就是行動如規則般重複進行一段時間後造成的結果。根據規則效益主義的說法，當某行動遵照著能夠產出最大幸福的規則時，此行動就道德層面而言就是正確的。

規則效益主義認為，一行為的正確性源自其「規則」的正確性。若行動皆遵照著一正確的規則來執行，就可以將「善」（或是「幸福」）最大化。規則效益主義主張，雖然有時候遵守規則並不能為所有人都帶來幸福，但不遵守規則也不會帶來更好的結果。

規則效益主義同樣也遭受不少批評。其中有人認為，若遵照規則效益主義，很可能會立下一些不公不義的規則——奴隸制度就是一個血淋淋的真實案例。若特定一小群人的受苦可以帶來其他所有人的幸福，規則效益主義就會將奴隸制度視為符合道德的行為。

❖什麼是對？什麼是錯？

無論是行動效益主義還是規則效益主義，都不認為有任何事物在本質上就是對的或錯的。此外，這兩種效益主義都沒有絕對禁止撒謊、舞弊和偷竊等行為——若這些行為是通往最大幸福的必經之路，效益主義有時候的確會要求我們做出以上行為（雖說如此，規則效益主義同樣認為撒謊、舞弊和偷竊等行為會減損人與人之間的信任，也就是人類社會得以建立的基礎。因此，若我們全面採用允許這些行為發生的規則，必然無法將效益最大化）。

在效益主義者的眼中，道德的判斷基準永遠都是行為所造成的「後果」，而非行為本身。因此，一行為是否具有道德價值似乎變得很靠運氣。此外，在判定某行為是否道德之前，我們必須清楚知道該行為所造成的最終後果為何。然而，根據我們的生活經驗，出於好意的行為常常會導致不好的結果，而出於惡意的行為則可能反而帶來好的結果。此外，效益主義在衡量一行為的道德價值時，必須先知道有多少人受到該行為的影響，以及這些人受到影響的程度，更需要衡量其他替代方案可能造成的影響，而如此繁雜的程序便很容易造成誤算。因此，雖然效益主義可以解釋為何要禁止欺騙行為，但似乎不是個很站得住腳的道德理論。

Column

囚徒困境

囚徒困境可說是用來解釋人類行為背後原因的例證中最知名的一個，而這其實是所謂「賽局理論」的一部分。賽局理論是數學的一個分支，主要觀察在需要運用策略的情境中可能會出現怎樣的結果。然而，囚徒困境的重要性遠大於其所代表的數學意義，不僅點出了道德、心理和哲學上的許多重要問題，甚至在現實生活中就可以看到這個現象。

◉囚徒困境的起源

一九五〇年，蘭德公司（譯註：美國非盈利性的研究和諮詢服務機構，主要對國家安全和公共福利方面的各種問題進行系統跨學科分析研究）聘請了2名數學家——梅里爾・弗勒德和梅爾文・德雷希爾，來協助他們進行賽局理論的研究，以及在全球核戰略上的應用。後來，一名普林斯頓教授——阿爾伯特・W・塔克為了讓普羅大眾更容易理解，將梅里爾和梅爾文提出的理論稍做修改，囚徒困境就此誕生。

現在請想像有2名囚犯——囚犯A及囚犯B同時遭到拘捕，而警方因為尚未掌握足夠證據，決定將兩人分開拘禁。接著，警方分別告訴他們：「如果你願意告發另一個人，且對方始終保持沉默的話，我們就會釋放你，並將另一名囚犯關入大牢。然而，如果你們雙方都招供了，雖然都會入獄，但刑期會比始終保持沉默來得短。而如果你們雙方都保持沉默，你們的刑期就會更短。」

參照下方表一，如果囚犯A和囚犯B都招供，兩人都會被判處6年的刑期；如果囚犯A保持沉默、囚犯B招供（且在供詞中有提到A的罪行），囚犯A就會面臨長達10年的監禁，而囚犯B則可以獲得釋放，反之就換成囚犯A獲釋、囚犯B要被關10年；最後，如果兩人都始終保持沉默，就都只會被判處2年的刑期。

我們也可以用另一種角度來檢視這個情況。

參照下方表二，C代表參與者願意合作（即保持沉默）；D表示參與者背叛對方（即招供）；R表示兩人都願意合作時所能得到的獎勵；P代表兩人都決定背叛後會得到的懲罰；T代表驅使其中一名參與者獨自背叛對方的誘因；S則指其中一名參與者願意合作卻遭到對方背叛時會付出的代價。

	招供 A	沉默 A
招供 B	A 6 / B 6	A 10 / B 0
沉默 B	A 0 / B 10	A 2 / B 2

表一

	C	D
C	R,R	S,T
D	T,S	P,P

表二

◉囚徒困境的意義

為什麼叫作囚徒「困境」呢？原因在於，如果只有囚徒A或囚徒B招供的話，他們各自都能得到最佳結果；然而，如果兩人都決定招供，所得到的結果就會比都保持沉默來得糟糕。

囚徒困境完美捕捉了「個人理性思考」和「群體理性思考」之間的衝突。當一群人都做出理性決策，其結果反而會比他們都做出不理性決策還來得糟糕。囚徒困境中，我們假設所有參與者都會理性做出決策，且彼此都知道對方也會做出理性選擇。這時，最理智的選擇就是背叛對方。但矛盾的是，如果參與者雙方都決定要自保和維護自身利益，反而會造成兩敗俱傷的局面。

◉囚徒困境的變形

接下來，讓我們在剛才的情境中加入另一可能的選項。參照表三，參與者現在可以選擇要背叛（D）、合作（C）或是既不背叛也不合作（N）。這時，我們可以看到背叛不再是最佳選擇了。如果另一參與者既不背叛也不合作，此時選擇合作才能得到比較好的結果。

	C	D	N
C	R,R	S,T	T,S
D	T,S	P,P	R,S
N	S,T	S,R	S,S

◉多人囚徒困境與公地悲劇

我們其實可以將囚徒困境套用到更大規模的情境中，如群體、甚至整個社會。這時，我們可以看到「道德」是如何發揮影響力的。而這種多人囚徒困境最好的例子，就是所謂的「公地悲劇」。

幾名農夫互為鄰居，都不希望自己養的牛在自家土地上吃草（因為他們自家的土地不太適合放牧），因此都讓牛在公有土地上放牧。然而，過度放牧而使土地枯竭的話，這片公地就會變得不適合放牧。也就是說，如果每個農夫都做出理性決策（也就是符合自身利益的決策），而想要從公有地上盡可能拿些好處，這片土地終將枯竭，這反而對所有農夫都造成負面影響。就像囚徒困境一樣，個人的理性選擇終將導致傷害整個群體的不理性結果。

這時你可能會想問：「所以囚徒困境和公地悲劇給了我們什麼道德啟示呢？」簡單來說，這兩個例子都證明了一件事：長遠來看，追求自身利益和自我滿足其實反而會減損自己的利益。

◉現實中的囚徒困境

現實世界中，捕撈漁業可說是囚徒困境的經典例證，同時也是一個十分重大的問題。現在的漁業捕撈漁獲的速度非常快，雖然這對短期利潤來說是件好事，但目前捕魚速度已遠大於魚類繁殖速度，所有漁業業者都面臨漁獲減少的困境。若要確保捕撈漁業長久存續，業者就必須攜手合作，放下短期內的高額利潤。換言之，他們必須做出與自身利潤有所牴觸的決策。

硬性決定論

❖自由意志並不存在

「硬性決定論」是一個哲學理論，其中心思想為：出於事出必有因，我們的所作所為皆為事先決定好的。也就是說，我們無法根據自己的自由意志做出選擇。雖然「事出必有因」這個前提似乎十分符合邏輯，但「我們無法根據自由意志做出選擇」這個結論則在哲學界引發了十分熱烈的討論。

❖自由意志與決定論的四大原則

若想要對硬性決定論有更深入的理解，就必須先分析一下在討論自由意志和決定論時會牽涉到的以下4項原則。

①**普遍因果原則**：此原則的中心主旨就是「事出必有因」。換句話說，如果「X的發生會導致Y的發生」，就會將X和Y稱為「事件」，且X事件的發生必然早於Y事件的發生。此外，如果X事件發生了，Y事

件就必定會發生。

②**自由意志論**：此理論認為，有時候人們的確可以按照自由意志做出行動。

③**可避免性與自由原則**：若某人有自由行動的能力，就能避免過去做出的某項行為；反過來說，若沒有人能避免過去做出的某項行為，就代表我們都沒有自由行動的能力。

④**輔助原則**：此原則是說若凡事都有其原因，那其實根本沒有人可以避免過去做出的行為。換句話說，若有人能做出與過去不同的選擇，就會產生有些事情沒有原因的狀況。

雖然這些原則乍看十分合理，且都可以找到證據來佐證，但仔細思考會發現，四者彼此其實是互不相容的。換句話說，這4個原則不可能全都是對的。因此，哲學家就開始討論其中到底何者為對、何者為錯。

硬性決定論的立場就是「普遍因果原則」、「可避免性與自由原則」以及「輔助原則」是對的，而「自由意志論」則是錯的。

- **前提1**：事出必有因（普遍因果原則）。
- **前提2**：若事出必有因，就表示沒人可以避免自己過去做出的選擇（輔助原則的前半部分）。
- **前提3**：若沒人可以避免自己過去做出的選擇，就表示沒人有自由行動的能力（可避免性與自由原則的後半部分）。
- **結論**：因此，沒有人可以按照自由意志做出行動（否定自由意志論）。

前提1展現了決定論的中心要旨——每個事件都有其因果存在。我們可能很難想像有事件會沒來由地出現（也就是沒有「因」），而這個前提就是建立在這樣的常識之上；前提2則定義了什麼是「因果」——若某事件的「因」已發生，該事件就必然會發生。而若該事件必然會發生，我們就無法使另一事件發生藉以避免此事件的發生；前提3則說明了「自由」背後的意涵——若某行為必然會發生，做出該行為的人就可說是別無選擇。也就是說，此人不具有自由行動的能力。

❖反對硬性決定論的聲浪

許多哲學家都試圖以不同角度來駁斥硬性決定論，以下列舉其中幾個觀點：

◉選擇論證

其中一個反對硬性決定論的論點，是以「選擇」的角度出發。以下為其論述：

- **前提1**：我們有時會做出自己所選定的行為。
- **前提2**：若我們有時會做出自己所選定的行為，就代表我們有時是可以自由行動的。
- **前提3**：若我們有時是可以自由行動的，就代表硬性決定論是錯的。
- **結論**：因此，硬性決定論是錯的。

前提1將「選擇」定義為一個「決定」，或是一個「發生於我們內心的事件」。此前提背後的邏輯來自日常生活中的觀察——我們無時無刻都可以看到有人在做出選擇。舉例來說，我們每天都會選擇要吃什麼、要穿什麼，或是明天早上要幾點起床；前提2則將「自由行動」定義為「選定自己要做的行為」——若有人決定做出某件事，那做出選擇本身就表示該人有自由行動的能力；最後，前提3則否定了硬性決定論的想法。

選擇論證的論述乍看之下十分合理，看似可以成功反駁硬性決定論。但如果仔細分析選擇論證對「自由行動」的定義，就會發現其論述存在著漏洞。因為選擇論證並未反駁「事出必有因」這個前提，因此其論述仍然會受到因果關係的支配。有了這個概念後，我們就能找出選擇論證的最大漏洞——也就是從前提1到前提2之間的邏輯太過跳躍性了。

雖說我們的確會在生活的各個層面中做出選擇，但這並不代表我們可以自由行動。其原因在於，我們做出的選擇同樣其來有自。因此，做出某行為的選擇本身並非該行為發生的唯一原因，也並非其根本原因。反過來說，真正讓該行為發生的「因」，應該是先前一連串因果關係中的最後一個事件。舉例來說，如果你某天決定穿紅襯衫出門，其實這個選擇本身早就被因果決定好了。雖說這些選擇背後的原因只有我們自己知道（有時候甚至連我們自己都無從得知），但它們的確存在。我們腦中註定會出現某些想法，因為我們的大腦所做出的選擇是早就決定好的。根據哲學家保羅•雷的說法，我們選擇穿紅襯衫的原因可以往回追溯到無限久遠的過去。雖然我們會以為自己大可以做出不同選擇，但其實我們唯有在面臨不同情況或因果關係（且其不同之處可能微乎其微）時才能做出不同選擇。因此，我們的選擇必然有「因」，所以同樣是預先決定好且必定會發生的。也因為選擇必定會發生，故並非自由意志的展現。

◉驅力阻抗論證

另一個反對硬性決定論的觀點，則是以「抵抗驅力（譯註：驅力是指我們內在強烈的衝動或慾望）」的角度切入。以下為其論述：

- **前提1**：我們有時會拒絕服從自己內在的強烈衝動。
- **前提2**：若我們有時會拒絕服從自己內在的強烈衝動，就表示有時我們是可以自由行動的。
- **前提3**：若有時我們是可以自由行動的，就表示硬性決定論是錯的。
- **結論**：因此，硬性決定論是錯的。

前提1背後的邏輯同樣來自日常生活中的觀察——我們常會有各種衝動或慾望。舉例來說，我們可能會有殺人、通姦和飆車等衝動，卻可以控制自己不去執行這些行為；前提2則重新定義了「自由行動」——若某人有能力拒絕服從自己內在的衝動，並做出與該衝動不符的行為時，就代表該人有自由行動的能力。這個前提背後的意涵是：拒絕服從內在的衝動，就表示我們可以不受過去環環相扣且無止盡的「因」所影響，進而得以自由行動；最後，前提3則否定了硬性決定論的想法。

「驅力阻抗論證」和選擇論證一樣，並未否定「事出必有因」這個前提。因此，驅力阻抗論證雖然合理，卻同樣存在漏洞。要反駁這個論證最有效的方法，就是設法否定前提2——雖然我們的確有能力拒絕服從自身的衝動，但這並不代表我們有自由行動的能力。舉例來說，若某人壓抑自己想要殺人的衝動，可能只是因為他受到其他衝動所牽制，例如不想受罰或是同情受害者等等。換句話說，我們不可能拒所有衝動於千里之外。因此，根據此論證對「自由意志」的定義，我們是永遠無法自由行動的。除此之外，「拒絕服從」這個行為同樣受到因果關係的支配，此行為不僅是放棄殺害他人的原因，同樣是一個「事件」，因此也是其他「因」所導致的結果。也就是說，若某人壓抑自己殺人的衝動，他會這麼做也是早就決定好的事，因此他同樣別無選擇。總而言之，抵抗驅力並不表示我們成功脫離了因果關係的牽制。

◉道德責任論證

第三個反對硬性決定論的觀點則是以「道德責任」的角度切入。以下為其論述：

- **前提1**：有時我們必須為自己的行為負道德上的責任。
- **前提2**：若有時我們必須為自己的行為負道德上的責任，就表示有時我們是可以自由行動的。
- **前提3**：若有時我們是可以自由行動的，就表示硬性決定論是錯的。
- **結論**：因此，硬性決定論是錯的。

道德責任論證對於「道德責任」的定義如下：若某人在做出某行為後，應當承受對該行為的稱讚或指責，那此人對此行為就負有道德責任。前提1同樣是經由日常生活的觀察而來——常識上來說，如果殺了人，就應當接受相對應的指責和懲罰。反過來說，如果救人一命，就值得接受相對應的讚譽；前提2則又重新定義了「自由行動」的意義——邏輯上而言，應該要是出於自己的意志而做出某行為，才必須承受和該行為有關的稱讚或責備。反過來說，若該行為並非出於本意，就不會因此而受到稱讚或責備了；最後，前提3則否定了硬性決定論的想法。

如同前面所述的兩套論述，道德責任論證同樣在邏輯上十分合理，卻存在一些漏洞。首先，此論證要成立有一個前提——若某人「應當承受」對某行為的稱讚或指責，他就必須是造成該行為的唯一一個「因」。換句話說，如果這個人是出於其他「因」所迫而做出善行或惡行，就不應該承受相對應的稱讚或指責。然而，這個論證並未否定「事出必有因」這個前提，所以其中提到的「值得稱讚或責備的行為」同樣也會是其他「因」所帶來的結果。換句話說，做出這些行為的人並不是導致行為發生的唯一一個「因」。

這樣說來，道德責任論證的最大漏洞就是前提1。雖然在某些情況下，做出特定行為而受到稱讚和指責似乎十分合理，但其實沒有人必須為自己的行為負道德責任。因為即便是殺人犯，其實也是別無選擇才去殺人，意即凶殺案同樣是其他「因」所造成的結果，是無法避免的。若殺人的行為是無法避免的，殺人犯就不應當承受相對應的指責。因此，如果要幫道德責任論證說話，就必須先證明有些事件的發生是無緣無故的，但這樣的說法會與我們的常識背道而馳。

以上對於前提1的反駁引起了許多哲學家的批評，而其主因就是以上論述對於當代司法系統的引申意涵。這些哲學家認為，若認定道德責任並不存在，那目前司法系統中的懲戒制度就會頓失其正當性，所有監獄和看守所就必須作廢。然而，硬性決定論的支持者則認為，這項結論下得太過倉促了。雖然道德責任未必存在，但仍有其他可以為懲戒提供正當性的方式。舉例來說，我們可以將監獄視為一項安全措施，或是一種遏制暴力的手段。此外，監獄也可以兼具讓犯罪者改過自新，以及讓受害者打抱不平的功能。同時，「事出必有因」這個前提讓我們得以相信，監獄可以成為暴力事件減少的「因」——「不希望坐牢」這個事件也許就會在一連串的因果關係中造成「不殺害他人」的好結果。

總而言之，硬性決定論秉持著「事出必有因」的信念，認為我們的一舉一動都會受到因果關係的支配。雖然反對這個觀點的論證為數眾多，但硬性決定論仍然始終屹立不搖。

Column

自由意志

哲學家在討論自由意志時，通常會聚焦在以下2個問題上：

①「自由選擇」是什麼意思？

②「自由選擇」會衍生出哪些道德議題？

不過，深入探討這些問題後，通常只會冒出更多問題。而哲學家則會嘗試以不同角度來切入這些問題。

◉相容論與不相容論

「相容論」又稱「軟性決定論」，主張我們的確有自由意志，但這邊的自由意志和決定論是相容的（決定論認為一切都是因果關係所造成，所以沒有所謂「偶然」的概念，每件事都有其前因後果，而我們的一切現況和行為也都是必然的）。

根據相容論，在沒有受到特定限制的情況下，我們是擁有自由意志和主動權的。而相容論和決定論一致認為，我們的個性和特質都是被基因和教養方式等因素事先決定好，不是我們可以控制的。不同的是，在相容論者眼中，雖然我們會受到個性和特質的限制，但這並不代表我們沒有自由意志，因為相容論對自由意志的定義就是以這些限制為基礎。換言之，在相容論中，自由意志的定義即是「可以在自身性格容許範圍中，自由做出不同行為的能力」。

各位可能會疑惑：「如果決定論所說的這些限制在相容論中算不上限制的話，那相容論所說的限制是什麼？」根據相容論的觀點，所謂的「限制」就是指外在力量的壓迫，而相容論的「自由意志」就是不受這些壓迫而自行做出決定的能力。也就是說，即使這些決定的內容是老早就決定好的，只要我們可以不受外在力量（如：監獄等）牽制而做出行動，就代表我們是有自由意志的。

然而，還是有人不太相信相容論的說法，這些人即稱為「不相容論」者。這些信奉不相容論的人認為，決定論和自由意志的概念根本水火不容——如果我們從出生到死亡所經歷的抉擇都是已經決定好的，怎麼還能說我們擁有自由意志呢？

要注意的是，以上觀點並不代表不相容論否定自由意志的存在。

其實不相容論又可分成以下3種流派：

①硬性決定論：否定自由意志存在。

②形而上的自由主義：肯定自由意志存在，但否定相容論。

③悲觀不相容論：同時否定自由意志和相容論。

下圖中，我們可以看到一些相容論和不相容論的分支。

- **半相容論**：主張決定論和道德責任是相容的。
- **硬性不相容論**：主張道德責任和自由意志的概念都和決定論不相容。
- **幻覺論**：主張自由意志只是一種幻覺而已。

否定決定論的不相容論者認為，世上必然會有些偶然發生的隨機事件（有可能是心理、生理或物理事件），因此「隨機」和「意外」的概念必定存在。而這些隨機事件會導向一連串無法預測的未來事件，而非像決定論者所說一切未來事件都是預先決定好的。

形而上的自由主義（不相容論的另一分支）又可以依據對因果關係的觀點而分成以下4種類型：

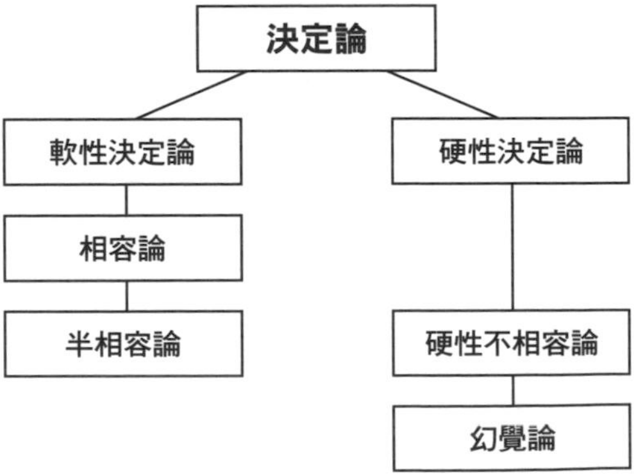

・**事件因果自由主義**：主張有些事件比較不能從既有事件預測出來，且這樣的事件會發生是沒有原因的。

・**軟性因果**：主張大多數事件都是事先決定好的，但的確存在較難預測的事件。

・**動因因果自由主義**：主張並非所有因果鏈都需要先由過往事件或是自然法則所決定好，意即全新的因果鏈有可能出現。

・**非因果自由主義**：主張我們做決定時完全不需要有「因」。

相容論的支持者認為，不受特定限制時，我們人類具有能動性和自由意志。至於我們的個性和特質，則是由基因和教養方式所決定，不在我們可以控制的範圍。而不相容論的支持者則不認為決定論和自由意志會有所牽扯，因此同樣接受世上存在意外和隨機事件（無論是心理、生理還是物理事件）這個事實。

◉責任

說到自由意志，就不得不談「責任」的概念。「責任」和「道德責任」之間的分野尤其重要。

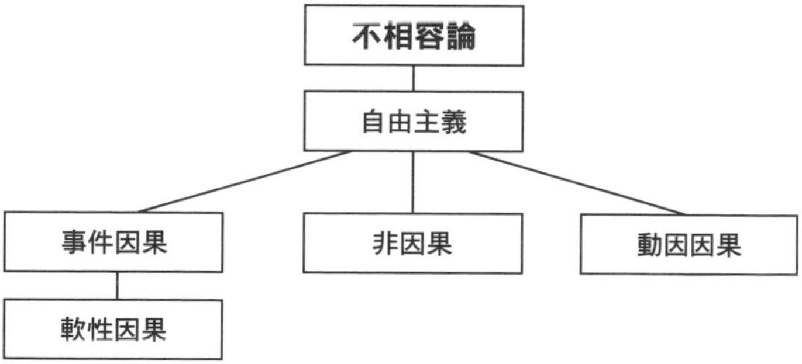

當我們身負某項任務，並接受連帶後果時，就代表我們正在承擔某種「責任」。舉例來說，如果你現在得「負責」籌備工作上的會議，就表示你不只身負籌備會議的任務，還必須為最後會議是否順利負起責任。這就是責任的概念。

「道德責任」則是由道德準則所衍生出的責任。接續剛剛的例子，假設會議當天剛好遇上暴風雪，導致預定發表演說的講者全都無法到場，這時候的你雖然必須為會議負責，但這就表示你同樣需要為這場不順利的會議負起道德責任嗎？

通常，我們都會覺得應該為自己的行為負責，但我們為什麼會這樣覺得呢？如果真的像決定論者所說，我們一切行為都是由先前事件所決定，意即所有行為都是由我們出生前就早已塵埃落定的事件所決定，我們為什麼要覺得自己應該為這些行為負責呢？換個方式想，如果真的像自由主義者所言，我們的行為都是由機率隨機決定，又為什麼要為這些行為負責呢？以上這些問題，可說是否定自由意志存在的標準起手式。

但說了這麼多，我們還是會覺得應該為自己的行為負責。假設我們真的要為自己的行為負責，這就表示「責任」是由我們的內在所造成。換言之，責任的先決條件是自由意志，但自由意志非責任的先決條件——並非有道德責任才有責任，但必須先有責任才能有道德責任。

◉自由意志的要件

最佳情況下，自由意志的要件要可以同時滿足自由主義（接受生命的不可預測性，因此我們是可能擁有自由的）以及決定論（接受道德責任所必須的因果關係）這兩者的觀點。在此，我們可以看到自由意志的兩個要件——「自由」和「意志」是如何互動的。

隨機性要件

「隨機性要件」又稱「自由要件」，不但支持非決定論，還認為機率和偶然的確存在。也就是說，我們的行為並非由外在事件所導致，且所有行為都是難以預測的。反過來說，隨機性要件主張行為來自我們自身。若自由意志真的存在，我們的每個行為必定都會有其他選項可以選擇。此外，在實際做出行為後，我們也一直都會知道自己當時是有其他選項的。因此，根據隨機性要件，我們可以另闢新的因果鏈，並製造出新資訊。

決定論要件

「決定論要件」又稱「意志要件」，支持「充分決定論」（容許統計上可預測性存在的一種決定論），並認為我們的行為並非是機率和偶然的直接產物。此外，我們的意志也必定是事先充分決定好的，而我們的行為則和我們的意志有直接的因果關係。

道德責任要件

「道德責任要件」融合了前兩個要件，主張我們必須為自己的行為負起道德責任，因為我們總是有其他選擇。這是因為行為是來自我們自身的（隨機性要件），而且我們的行為和我們的意志有直接因果關係（決定論要件）。

叔本華（一七八八～一八六〇年）

悲觀主義

❖悲觀的哲學家

一七八八年二月二十二日，阿圖爾・叔本華出生於波蘭的但澤（現在的格但斯克），他的父親是一名商人。年輕時，叔本華就對學術之路比較有興趣。當時，他的父親表示叔本華可以選擇進入大學就讀，或是跟父母親一同遊歷歐洲，並在旅程結束後開始擔任商人的學徒。對此，叔本華選擇了後者。在遊歷歐洲期間，他親眼目睹了歐洲各地貧民的淒慘遭遇，而這段經歷深深影響了他往後的悲觀哲學思想。

旅程結束後，叔本華遵守自己的承諾，成為一名商人的學徒，為未來從商的職涯做準備。然而，在叔本華17歲那年，他的父親便過世了（據說是自殺身亡）。2年後，叔本華就辭去學徒的工作，決心投入學術懷抱。

叔本華讀大學時，他的母親搬到威瑪，並開始積極參與各種社交圈和知識份子集會。當時，她同時具有作家和沙龍女主人的身分，舉行的沙龍可說是聚集了當時舉足輕重的思想家。在她的牽線下，叔本華認識了約翰・沃爾夫岡・馮・歌德（且後來還跟歌德一同寫了一本色彩理論相關書籍）以及弗里德里希・馬傑（並因此對東方哲學思想產生興趣）。後來，叔本華跟母親之間的關係日漸緊張，到了叔本華30歲那年，母親甚至直接要求他不要跟自己聯繫。

一八〇九年，就讀於哥廷根大學的叔本華原先唸的是醫學系，但他在入學後第3個學期決定轉到哲學系就讀。後來，叔本華又轉到柏林大學繼續研讀哲學。一八一三年，為了躲避拿破崙徵召大軍團一事，叔本華逃到一座叫作魯多爾斯塔特的小鎮上。他在那裡寫下《充足理由律之四大根據（The Fourfold Root of the Principle of Sufficient Reason）》一書，深入探討「充足理由」的概念。隔年，他又搬到德勒斯登，並在此完成2本著作，一本是《論視覺與色彩（On Vision and Colors）》，闡述了他著名的色彩理論；另一本則是《作為意志和表象的世界（The World as Will and Representation）》，概述了他的哲學思想體系。

一八二〇年，叔本華便擔任起柏林大學的講師。這段期間內，叔本華和同為柏林大學講師的威廉・黑格爾開始一段相互競爭的關係。叔本華常常故意和黑格爾排同一時段的課，為的就是強迫學生在兩人之間做出選擇。然而，黑格爾的課堂上總是人滿為患，叔本華的課堂學生總是寥寥無幾。於是，叔本華變得十分厭世，並深刻感受到自己跟學術圈之間的隔閡。直到晚年，他的作品才逐漸流行起來，並成功風靡全歐洲。

❖叔本華的哲學思想

雖然叔本華的作品涵蓋許多不同主題，但總是帶有悲觀主義的色彩，並不斷描繪人類生命中的苦痛。

◉《充足理由律之四大根據》

這是叔本華在一八一三年出版的論文，其中仔細檢視了「宇宙是可為我們所理解的」這個假設，並且對充分理由原則（主張「真實事物皆為理性」的原則）進行批判。叔本華認為，要應用充分理由原則，必須先想出某件需要解釋的事物，意即要先有一主體存在才行。因此，得先有可以感知事物的心靈，才會有「經驗」的產生。由此，他得出以下結論：我們周遭的世界僅是一種表象而已。

◉對意志的看法

說到叔本華最重要的哲學貢獻，大概就是他在個人動機方面的思想了。康德和黑格爾的理論中，個人的道德觀念是由社會和理性所塑造而成。然而，叔本華認為這樣的想法過於樂觀，主張個人行為的動機是來自每個人自身的慾望（或稱「生存意志」），而這種永遠無法滿足的慾望才是驅動人類行為的原動力。由此，我們就可以看出叔本華是個徹頭徹尾的悲觀主義者，而他對人性的負面看法也持續出現在他的作品中。在叔本華眼中，「意志」即是人類苦難的來源，我們的慾望總是無窮無盡，所以才會感到痛苦。而且我們的慾望（還有受慾望驅使而做出的行為）都沒有既定方向和邏輯，永遠都是徒勞的。在他眼中，這個世界不只糟糕透頂（處處充斥著殘暴、疾病和苦難），甚至可說是最可怕的世界，就只差沒有徹底毀滅而已。

◉對美學的看法

對叔本華來說，美學把智力從意志中抽離，且和我們的肉體是毫無關聯的。在他看來，藝術創作不是藝術家在創作前就已經在心中預想好的，就是一種完全無預警的即興行為，肉體不過是意志的延伸罷了。

如果說驅使我們行動的「意志」真的是由慾望所構築而成，藝術就是供我們暫時逃離俗世苦痛的避風港。因為當我們思考藝術時，並不會把世界視為表象。因此，藝術可以超然於充分理由之上。

對叔本華而言，音樂有體現意志的能力，可說是最純粹的藝術形式，

◉對倫理學的看法

在叔本華提出的道德理論中，人類的道德總共受到3種動機牽引——利己、惡意和同情。

- **利己**：「利己」促使我們做出對自己有益的行為，並增進我們對快樂和幸福的渴望。叔本華認為我們大部分的行為都是出自於利己的動機。
- **惡意**：叔本華認為「惡意」和利己是不一樣的，因為惡意和個人的利益無關，純粹是為了傷害他人。
- **同情**：根據叔本華的說法，「同情」是道德行為最純粹的驅動力，因為其追求的只有行為的良善面，而非出自於責任感或個人利益。

此外，叔本華認為「愛」也在不知不覺中促進了「生存意志」。因為愛讓我們有繁衍後代的慾望，如此一來才能繼續生存下去。

◉對東方哲學的看法

叔本華算是第一批在思想中融合東方哲學的哲學家之一，而這也是他另一為人所知之處。

在流派眾多的東方哲學中，叔本華對印度教和佛教的哲學觀特別感興趣，而他的悲觀主義也大幅受到佛教的四聖諦所影響，同時成為他的理論根基之一。

叔本華認為世界僅是一種「Vorstellung」（意即「表象」），所以生命才會充滿苦痛。也因如此，世界本身並不是真實的，只是現實的表象而已（跟柏拉圖洞穴寓言的概念十分類似）。此外，他認為「Der Wille」（意即前述的「意志」）潛伏在萬物的表象之下。

除了佛教之外，叔本華在構建其哲學核心理念時，也參考了印度教的聖典《奧義書（Upanishads）》，因而得出「世界是意志的體現」這樣的結論。

四聖諦	叔本華的版本
①苦諦：一切眾生都是痛苦的。	世界是表象的。
②集諦：痛苦的根源即是慾望。	a. 意志是痛苦的根源。 b. 世界的本質即是意志。
③滅諦：世上仍有希望存在。	世上幾乎沒有希望。
④道諦：由八正道可通往希望。	希望是 a. 對美的觀察。 b. 體現在美學實踐中。

馬克思（一八一八～一八八三年）

共產主義

❖共產主義之父

一八一八年五月五日，卡爾・馬克思出生於普魯士。他的父親是一位業績斐然的律師，且十分熱衷於普魯士的政治改革運動，同時非常推崇伏爾泰和康德的著作。雖然馬克思的雙親都是猶太人，但由於一八一五年起法律限制猶太教信徒的公民權，他的父親便被迫改信路德教派。

馬克思於一八三五年進入波恩大學就讀，後因父親的建議而轉學至柏林大學（他的父親認為柏林大學的教學較嚴謹）。就讀柏林大學期間，馬克思一開始主修的是法律，隨後轉而攻讀哲學，並深入研究黑格爾的理論。不久後，他便加入一個名為「青年黑格爾派」的學生組織，與同儕一同批判當時的宗教和政治制度。

一八四一年，馬克思在耶拿大學取得博士學位，當時他的論文主題是古希臘的自然哲學。然而，畢業後的馬克思因為政治觀點過於激進而未能擔任教職。此後，他轉往新聞業發展，並於一八四二年當上《萊茵報（Rheinische Zeitung）》（當時立場十分前衛的報紙）的編輯。不過，該報紙隔年即遭到政府封禁。在這之後，馬克思成婚並搬到巴黎居住。一八四四年，他跟弗里德里希・恩格斯一同撰寫了一篇批評布魯諾・鮑威爾的文章（鮑威爾和馬克思曾經是朋友，也曾是青年黑格爾派的一員）。爾後，馬克思因投稿到一份立場激進的報社（該報與共產主義聯盟的前身關係密切）而被迫離開法國，並轉往布魯塞爾定居。

定居布魯塞爾的期間，馬克思深深受到社會主義思想的啟發，並逐漸與青年黑格爾派的觀點分道揚鑣。他在這時還發展出「歷史唯物論」，此理論後來也被詳細記錄在他的著作《德意志意識形態（The German Ideology）》中。同時，他還撰寫了《關於費爾巴哈的提綱（Theses on Feuerbach）》一書，但這本書直到他逝世後才得以公諸於世（因為他生前並未找到願意替他出版這本書的出版社）。

一八四六年，馬克思創立了共產主義通訊委員會，目的是為了串連歐洲各地的社會主義支持者。而馬克思的思想則激勵了英國的社會主義者，並促成共產主義聯盟的成立。一八四七年，應當時在倫敦召開的中央委員會之邀，馬克思與恩格斯一同撰寫了《共產黨宣言（Manifest der Kommunistischen Partei）》。這份宣言於一八四八年發表，馬克思隔年便因此遭比利時政府驅逐出境。在遭法國驅逐出境、普魯士拒絕他重新歸化後，馬克思最終選擇定居倫敦。他在此不僅參與了德國工人教育協會的工作，也為共產主義聯盟建立了新總部。一八六七年，馬克思出版了他的經濟學專書《資本論（Das Kapital）》第一卷，這成為他學術生涯中的巔峰之作。馬克思餘生皆致力於《資本論》後兩卷的編撰，卻在全書完成前不幸去世，而這些未完成的手稿也是在此之後才得以公諸於世。

❖馬克思的哲學思想

馬克思的著作主要關注的是勞工階級的社會角色，以及勞工和商品、服務市場的連結。

◉歷史唯物論

馬克思深受黑格爾的哲學影響，尤其體現在黑格爾對人類意識發展過程的分析上——從簡單的物體理解演進到自我意識，再到更高層次、複雜和抽象的思考歷程。黑格爾認為，歷史發展也遵循類似的辯證法則，特定時期的矛盾會導致新時期的誕生，以解決既有矛盾。

歷史方面，馬克思對黑格爾的許多觀點表示認同，但他們的思考方式有著本質上的不同。黑格爾支持的是唯心論，馬克思則認為自己是個物質論者。因此，黑格爾認為「概念」是人類與環境互動的關鍵途徑，並主張應該透過每個時代的代表性概念來瞭解歷史；馬克思則認為，時代的社會結構和經濟組織才能揭示該時期社會的本質。在他眼中，歷史就等同於經濟制度發展的不同階段，這個制度會促進階級之間的矛盾，進而驅動社會形態轉變。

◉勞動異化

馬克思認為「勞動」是人類福祉和自我認知的核心元素之一。當人們透過勞動將物質轉化成具有價值的產品時，會感覺到自身的外化（編註：意即內在事物轉化為外在事物），就好像已經達成存在的必要條件一樣。對他來說，勞動不只是一種創意的展現，更是表現自我身分認同和生命意義的重要途徑。

然而，在私有制度主導的資本主義環境下，這種勞動與自我實現的關係遭到扭曲。在這種制度下，工人與其產品之間的聯繫被切割，導致工人與其勞動成果、自我甚至同事之間都產生疏離感。工作對工人來說，不再是一種自我實現的過程，僅僅成為一種維生手段。此外，因為勞動對於自我的建構來說十分重要，所以這種從勞動本質中產生的疏離感，也會使工人與自我和社會產生隔絕。最後，資本主義所產生的這種疏離感會導致歷史唯物論中所說的階級對立，最終促成資本主義解體。

◉勞動價值論

在「勞動價值論」中，馬克思將商品定義為「能夠滿足人類需求或慾望的外在實體」。此外，他進一步區分出商品的「使用價值」（指商品滿足需求或慾望的功能）以及「交換價值」（指能和其他商品進行交換的金錢價值）。

在馬克思眼中，所有商品都是勞動結晶，因此其價值不應由市場供需來決定，而應由製造商品所需的勞動量來衡量。因此，商品的市值應該能代表其生產時所投入的勞動和產能。

馬克思的勞動價值論非常重要，因為這後來成為「剝削理論」的根基。剝削理論認為僱主的利益是由壓榨工人所得來。

為了滿足個人購物的需求與慾望，人們必須先生產並銷售自己的商品，而這樣的交易過程中免不了會牽涉到金錢的使用。馬克思認為，資本家追求的不是商品本身，而是金錢的積累。因此，資本家建立工資與工時制度，目的是以最低的代價換取最大量的勞力。接著，他們將商品銷售出去，其定價遠高於他們支付給工人的薪水，而並非根據商品的真實交換價值來設定價格。也就是說，資本家透過創造「剩餘價值」來實現對工人的剝削。

◉生產方式和生產關係

馬克思將社會中的經濟生產結構稱為「生產方式」，其中包含用以生產商品的「生產資料」，例如：原料、工廠、機器以及勞動力等。接下來，馬克思也提到所謂的「生產關係」，意即不具生產資料者（如：工人）以及具有生產資料者（如：資產階級或資本家）之間的關係。他認為，歷史的發展是出生產方式與生產關係間的交互作用所推動。當生產方式的發展接近其產能極限時，生產關係中的不同階級便會開始產生對立，即形成資產階級和工人階級的對抗。

根據馬克思的說法，「資本主義」這種生產方式的根基就是生產資料私有制；其核心理念則是追求最大限度地利用勞動力，以達到降低成本的目的。因此，工人只能得到剛好足以溫飽的酬勞，這樣他們才能繼續為資本家提供勞力。

馬克思預言，工人階級將會逐漸意識到資本主義中剝削和衝突的本質，最終群起推翻資本主義。接著，將會出現以生產資料共有制為根基的全新生產方式——也就是「共產主義」。

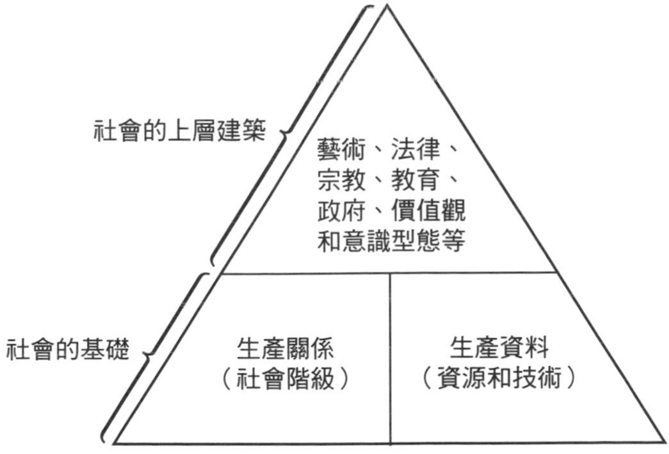

馬克思對於社會結構的概念

◉商品拜物教

馬克思認為，人們在理解世界的過程中會開始對金錢（像是如何賺錢、誰最有錢和要把錢花在哪等）和商品（像是其生產及購買成本，以及其市場需求等）這些事物產生過度的執著。馬克思將這種現象稱為「拜物教」，用來指稱人們對某些事物的過度重視，卻因此阻礙了對事物本質的理解。正是因為拜物教的存在，使人們無法看清工人階級遭受剝削的現實。也就是說，在資本主義社會中，商品的市價不僅是剝削的結果，同時還掩蓋了工人遭受剝削的事實。因此，在馬克思眼中，資本主義的生產方式是託商品拜物教的福才得以延續，而不必正視其所帶來的剝削問題。

尼采（一八四四～一九〇〇年）

虛無主義

❖肯定生命

一八四四年十月十五日，弗里德里希・尼采出生於德國的呂肯。尼采的父親是一名路德教派牧師，在他4歲那年便不幸離世。父親過世的6個月後，尼采年僅2歲的弟弟也去世了，留下尼采和他的母親以及2個妹妹相依為命。後來，尼采也提到他父親和弟弟的逝世對他造成了十分深遠的影響。

在14歲到19歲這段期間，尼采進入德國最好的寄宿學校就讀。畢業後，他前往波恩大學和萊比錫大學繼續自己的求學之路，並逐漸對文獻學（詮釋聖經和經典文本的學科）產生濃厚的興趣。此外，尼采從青少年時期就熱衷於作曲，他也在這段期間認識了十分崇拜的知名作曲家——理察・華格納。兩人後來發展出深厚的友誼，這對尼采的人生影響甚鉅（尼采本人甚至在20年後說這段友情是自己畢生最偉大的成就）。在尼采24歲那年，他雖尚未獲得博士學位，但已經受巴塞爾大學之邀，擔任文獻學教授一職。

一八七〇年，普法戰爭期間，尼采曾短暫擔任軍隊的醫療勤務兵，並在此時不幸染上痢疾、梅毒和白喉。後來，尼采便回到巴塞爾大學任教，並於一八七二年出版第一本著作——《悲劇的誕生（The Birth of Tragedy）》。這本書得到了華格納的大力讚揚，卻也遭到不少批評，後來成為德國文獻學巨擘的烏爾里希・馮・維拉莫維茨－默倫多夫也在這些批評者的行列中。

到一八七九年為止，尼采都持續在巴塞爾大學擔任教職。約一八七八年，尼采就意識到比起文獻學，自己其實對哲學更有興趣。而在《人性，太過人性（Human, All-Too-Human）》一書中，他的哲學風格經歷了極大轉變。同時，因為華格納支持反猶太主義和德國民族主義，讓尼采十分反感，他們的友誼因此在此時告一段落。尼采34歲那年，他的健康狀況急轉直下，迫使他辭去大學的教職。

一八七八到一八八九年間，身體日漸虛弱的尼采在德國、瑞士和義大利的多個城市之間旅居，並總共寫下11本著作。一八八九年一月三日，正當尼采在街上看著一名男子鞭打自己的馬匹時，他經歷了一次嚴重的精神崩潰（很可能由梅毒造成）並昏倒在地。從此，他便再也無法成功恢復神智。一九〇〇年八月二十五日，當了11年植物人的尼采正式與世長辭。

❖尼采的哲學思想

尼采精神錯亂的期間，他的妹妹伊莉莎白・福斯特－尼采擔起了照顧他的重責大任。伊莉莎白的丈夫是知名的德國反猶太主義者兼民族主義者，她於尼采臥病在床的期間出版了其部分作品。因此，尼采在完全不知情的狀況下成了名人，更被視為納粹的代表人物——因為當時伊莉莎白刻意只出版那些會誤導大眾的作品，使尼采的思想成為宣揚納粹思想的工具。尼采真正的哲學思想，直到二戰結束後才逐漸為人所知。

◉虛無主義

尼采最為人所知的大概就是他曾說過的「上帝已死」這句話了。19世紀，由於科學的進展以及德國的地位上升，大部分的德國哲學家都用非常積極的態度看待人生。然而，尼采有著截然不同的觀點。他認為這是一段動盪不安的時期，且社會的價值觀面臨根本性的危機。

在《查拉圖斯特拉如是說（Thus Spoke Zarathustra）》一書中，尼采敘述了一則故事：故事主角是一名叫作查拉圖斯特拉的男人，他在30歲那年搬到野外生活，十分享受的他甚至決定定居在曠野中長達10年之久。而在查拉圖斯特拉回到文明世界後，他便四處宣稱上帝已死。尼采在這本書中想傳達的是，科學進展使我們不再仰賴基督教的價值體系，而基督教中的善惡觀念對文明世界的影響力也不如以往。

雖然尼采時常批判基督教，但他其實對無神論更有意見，很擔心世界會往無神論的方向邁進。他並不認為科學進展有帶來新的價值體系，可以用來替代過去基督教的道德規範——他認為取而代之的會是所謂的「虛無主義」，也就是拋棄世上一切信念的想法。

尼采相信人們會不斷尋求可以仰賴的價值和意義，因此如果科學無法提供這些價值，人們就會轉而投靠其他事物，像是極端的種族主義等等。在此，尼采並非在呼籲我們回歸基督教的傳統，而是在嘗試探討如何透過「肯定生命」來幫助我們脫離虛無主義。

◉權力意志

尼采的權力意志理論可以分為以下2部分。

其一，尼采相信世界萬物無時無刻都處於變動的狀態，因此永恆不變的存有是不存在的。物質、知識甚至真理等一切事物都會不斷變化，而變化的核心則是所謂的「權力意志」。在尼采的眼中，整個世界都是由「意志」所構築而成。

其二，所謂的「權力意志」就是引導個體追逐「權力」的驅力，通常會以支配他者或自我獨立的方式體現出來。尼采認為，我們的權力意志比起我們對性和生存的渴求來得強烈許多，而且權力意志會以各種形式出現在我們的生活中。有時候，權力意志會讓我們想要對他人施暴，或是用肢體來制伏他人，但權力意志也可能敦促我們觀察自己的內在，不追求掌握他人，而是追求自我掌控。

對尼采而言，「自我」或「靈魂」只是為了方便溝通而虛構出來的概念而已。他認為所謂的「我」並非單一實體，而是混合許多相互競爭的意志，時時刻刻都在進行混亂的拉鋸戰。如前所述，尼采認為世界隨時都處於變動狀態，且「變化」本身即是生命的核心。因此，如果有人把生命看作是客觀且固定不變的（無論是在哲學、科學或宗教的觀點中），那這些人就是在否定生命。

換言之，如果我們要依據肯定生命的哲學觀點而活，就必須擁抱改變，接受生命中唯一的不變即是萬變。

◉「人」的角色

根據尼采的說法，世上存在可以分為動物、人類和超人這3種實體。人類為了達成更重要的目標（如：文明、知識和靈性等等），學會控制自己的本能，使得人類和動物開始有所區別。與此同時，人類的權力意志逐漸從往外（控制他人）轉為往內（控制自己）。然而，自我控制並不是件容易的事，因此人類常常會有想要放棄的念頭產生（尼采認為，虛無主義和基督教道德就是因為人類放棄自我控制而產生的）。對尼采而言，通往自我控制的路同時是通往「超人」的路——「超人」即同時擁有動物所缺乏的自我控制能力，以及人類所缺乏的良知。超人非常熱愛生命，全心擁抱生命中無止盡的苦難，且毫無怨言。因此，對尼采來說，「人類」並非終點，僅僅是通往「超人」的中繼站罷了。

◉真理

尼采認為，追求「真理」——即世上唯一正確的思考模式，代表我們的思維太過僵化了。

根據他的說法，健全的心靈應該是具有彈性的，因此可以接受世上存在不同的思考模式；至於僵化的心靈則是在否定生命。

◉價值觀

《善惡的彼岸（Beyond Good and Evil）》一書中，尼采試圖找出道德的心理機制。對他來說，沒有道德束縛，人類應該會活得更健康一些。他相信道德本身即是虛構的，認為我們應該重新審視社會的價值觀，因為這些價值通常都不夠客觀。其中，尼采對基督教道德的批評最為嚴厲。他認為基督教的道德觀基本上就是在「反生命」，甚至可說是生命的大敵。舉例來說，基督教中「來世」的觀念會壓抑我們天生的本能，讓「今世」看似不那麼重要，使人變得軟弱。

然而，尼采探究道德真相的目的並不是要淘汰基督教的道德觀，而是為了讓人們在瞭解道德的真相後，能夠以更坦誠和實際的態度、動機來面對自己的生命。

◉永劫回歸

尼采所提出的理論中，「永劫回歸」這個形上學理論可說是最複雜的一個。儘管如此，永劫回歸的核心其實就和尼采其他理論一樣，都圍繞在「肯定生命」的概念上。

其實永劫回歸的概念在好幾個世紀前就出現了。文藝復興時期，常以「銜尾蛇」的圖樣呈現這個概念，也就是一隻正在啃食自己尾巴的蛇（或龍）。

©bogadeva1983／shutterstock.com

而在尼采的理論中，永劫回歸的重要概念之一就是時間是不斷循環的。我們會一再經歷自己生命中的每個時刻，而且每一次的經歷都會是相同的。換句話說，我們所經歷的每一刻都不會只發生一次，而是在時間的循環中無限重複發生。而我們則應該接受並擁抱這種循環，並對此感到無上的喜悅。

永劫回歸的另一重要概念就是「存有」其實並不存在。因為萬物都會持續改變，一切都處於「成為」的狀態，而非「存有」的狀態。在尼采眼中，現實是交纏錯綜的，萬物都會不斷變化，所以我們其實無法清楚劃分不同事物之間的界線。因此，要將現實的某一部分獨立出來做評斷是不可能的，一定要一次考慮整個現實才行。如果接受這樣的觀點，就代表我們對生命只有「全面肯定」和「全面否定」這兩個選項了。

尼采常被認為是存在主義的開山祖師之一，他對於哲學的影響力可說是無遠弗屆。其對「肯定生命」的堅持，以及對道德和基督教所提出的質疑，都再再鞏固了他在當代哲學中的崇高地位。

相對主義

❖與其他事物相對

「相對主義」並非單一的特定觀點，而是指涵蓋以下2大共通主題的一系列理念：其一，我們的思想、價值判斷、經驗和現實在某種程度上都與其他事物相對；其二，各種觀點之間沒有所謂優劣之分。

我們在哲學的各個子領域均可見到相對主義的概念。大多時候，依據相對主義所提出的論證，其前提常常看似合理，最終卻會導出不合理的結論。這些論證似乎在抽象層面上比較具說服力，但運用於實際情況時則顯得漏洞百出且乏善可陳。因此，相對主義的死忠擁護者可說是十分少見。

然而，這並不表示相對主義是毫無價值的。實際上，一些史上極具影響力的哲學家都曾經和相對主義有所牽扯，或曾經被他人視為相對主義者。

❖相對主義的結構

一般來說，我們可以用一句話來概括相對主義的概念——「Y是相對於X的」。在此框架下，Y就是「依變項」，可以是經驗、思維、評價或現實中的不同屬性；而X則是「獨變項」，為會影響Y值的因素。最後，「相對於」這個說法則是用

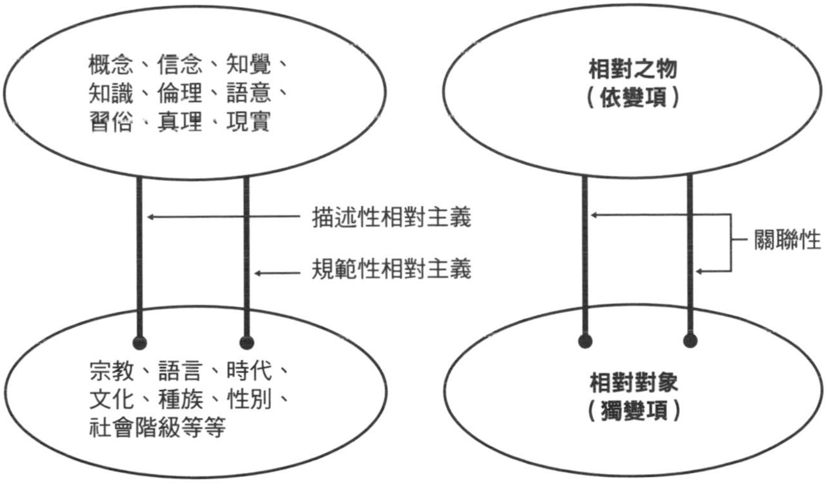

來描述X與Y之間的關聯性。

舉例來說，這裡的Y可以是知覺、現實、真理、習俗、信念、觀念、倫理和語意等等；X則可以是宗教、語言、時代、文化、種族、性別和社會階級等等。

❖相對主義的類型

◉描述性相對主義

「描述性相對主義」認為，不同文化擁有其獨特的道德標準（包括思考和推論方式等等）。這種相對主義並不會對各個文化的道德原則做出評價，也不會對其行為模式提出建議。其主要用於人類學研究，主要目的是客觀描述不同文化的道德準則。

◉規範性相對主義

不同於剛剛所說的描述性相對主義，「規範性相對主義」是一種倫理學理論，主張人們應該遵循自己社會或文化的道德準則。在這樣的框架下，「不道德」行為就是指違背特定社會或文化道德準則的行為。在規範性相對主義者的眼中，世上並不存在可以一體適用的道德準則，因為不同文化的道德準則並無優劣之分。此外，規範性相對主義認為，我們應該對不同社會的道德規範抱持寬容的態度，而不應該對其他社會的道德準則進行評判，或試圖把自身的道德觀念強加在其他社會上。

程度問題

持有不同的信念、概念或知識水準，並不必然表示觀點會有所不同。在相對主義的框架下，某些概念的確比其他概念來得重要。

如果某一特質在群體信念的發展歷程中扮演十分重要的角色，就會被歸類為「核心概念」。而哲學家常說的「核心信念」，則是指那些對某群體或個體來說至關重要的信念，且一旦遭到遺棄，其他信念也會不復存在。舉例來說，「物體無需被感知即存在」就是一種核心概念；相較之下，「君神授權」的概念則只存在於特定時代背景中，並不屬於核心概念。核心概念和核心信念之間有非常緊密的關聯，且時常相互牽扯。然而，概念或信念的「核心程度」並非絕對，而是一連續光譜。

相對主義的應用範疇可以是局部性的（只應用於個體或群體在認知或評價上的部分面向），也可以是全面性的。不過，所謂的「局部性」也有程度之分。

❖支持相對主義的論述

哲學界中，相對主義通常作為其他論述的假設，比較少人會直接替其辯護。不過，還是有以下這些支持相對主義的論述：

◉感知是理論負載的

感知相對主義主張，我們對某一情境的感知（也就是由我們的視、聽、觸覺等所接收到的訊息）在某種程度上會受到既有的信念、期望和概念影響。也就是說，感知不僅是一種生理過程，故每個人對同一事物的感知都會有所不同。

雖說如此，理論負載的概念僅能對感知進行現象上的描述，並不足以推導出任何規範性結論。然而，當我們的觀察深受個人期望和信念影響時，堅守科學且客觀的感知概念就變得極其困難，或是根本就不可能。

哲學家N・R・漢森所提出的假設情境，可說是以上概念的知名例證。假設約翰尼斯・克卜勒（日心說的擁護者）與第谷・布拉赫（地心說的支持者，認為太陽和月亮會繞著地球運轉，而其他行星則會繞太陽轉）

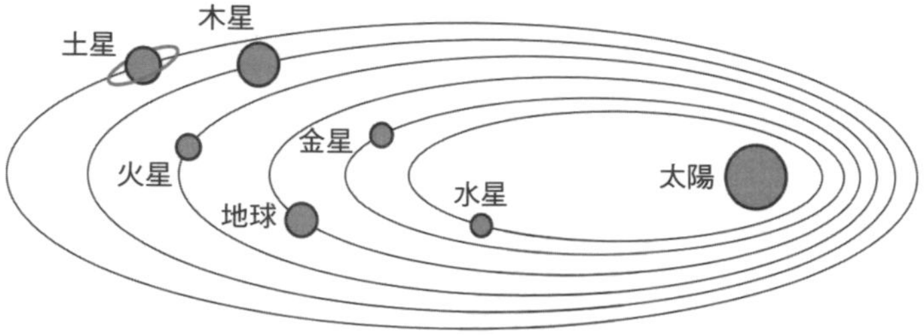

克卜勒的太陽系模型

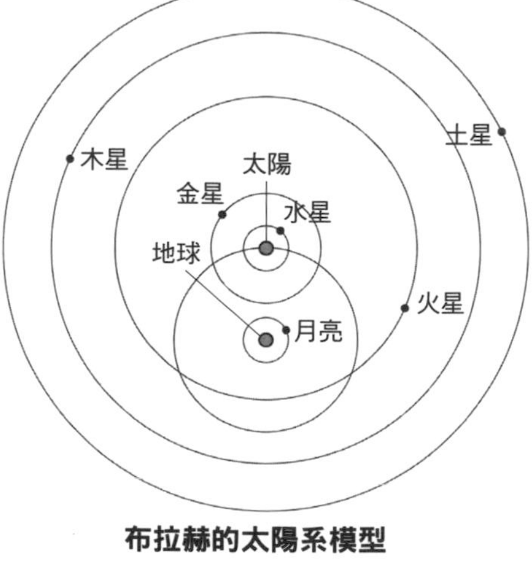

布拉赫的太陽系模型

一同觀賞日出，他們就會對同樣的日出有截然不同的解釋——布拉赫會認為是太陽在升起；克卜勒則會認為太陽本身並未移動，而是地平線在下沉。

◉不同框架是無法相比較的

我們所使用的句子和詞彙會反映出我們的信念和想法，因此可說是由我們文化、語言和科學知識所塑造而成。當兩群體在這些基本構成要素上存在巨大差異時（舉例來說，A群體的科學知識可能會與B群體的文化觀念大相徑庭），分屬兩群體的人便會難以進行有效溝通，因為A群體所說出的語句對B群體來說可能只是一串毫無意義的音節而已。

如果以上理論成立，我們的感知也可以為此理論提供證據——兩群體因為有截然不同的背景，感知世界的方式也會天差地遠。

❖反對相對主義的論述

反對相對主義的論述為數眾多，而要採用哪種論述則取決於當下的討論焦點是描述性相對主義還是規範性相對主義。

◉反對描述性相對主義的論述

概念和信念根本就不存在

美國哲學家威拉德・馮・奧曼・蒯因主張，如果一開始就不存在任何概念與信念，不同群體間就不可能有概念或信念上的差異。蒯因認為，世界上並沒有所謂的「事實」——若真是如此，不同個體或群體間，概念和信念的優劣便也無從談起。

感知並非完全是理論負載的

描述性感知相對主義認為，我們的感知至少有部分是理論負載，但程度上不及極端相對主義者所主張的那麼嚴重。這個理論同時支持了許多不同形式的規範性相對主義，進一步弱化了「感知是理論負載的」概念。大多數哲學家都認為，概念、期望和信念對我們的感知的確會有一定程度的影響（但影響程度的多寡仍有待商榷）。畢竟，即使在克卜勒提出日心說400年之後的今天，我們依然相信太陽每天都會升起和落下。事實上，即使是在400年前，克卜勒和布拉赫對太陽運動有不同的科學見解，兩人所觀察到的現象仍是相同的。回頭比較一下布拉赫和克卜勒所提出的宇宙模型。我們可以看到，雖然兩人所觀察到的天文現象是相同的，但他們對這些現象的解釋卻截然不同。

認知共相和認知架構

有證據顯示，全體人類在文化、語言和認知上存在著「共相」，可以跨越不同群體之間的界限。而這些認知共相的存在，則對描述性相對主義形成挑戰。

◉反對規範性相對主義的論述

調解問題

討論調解問題時，最關鍵的假設就是我們會被自己的概念、信念和知識水準所局限，而難以判斷自己的信念和概念是否真的與現實相符。其中最受歡迎的一種觀點認為，若沒有概念和語言的存在，我們就無法進行思考和交流。因此，我們不可能超脫自身的概念和語言框架，來對世界的真相進行客觀評價。

因外推而產生的不可理解性

相對主義常探討不同群體間的差異。然而，能在小範圍內想像概念和信念的差異，不一定代表能夠理解廣泛且深刻的差異。事實上，在從這些小差異中推斷出更大範圍的異質性時，可能會產生邏輯不連貫或難以理解的情況。

超驗論證

超驗論證中，最為人所知的就是由伊曼努爾・康德提出的理論。康德認為，必須先有某些概念（他將其稱為「範疇」）的存在（如：物體、性質和因果關係等），我們才有辦法在時空中體驗到各種事物。此外，人類也具有使用這些概念和持有這些信念的正當理由。

羅素（一八七二～一九七〇年）

邏輯原子論

❖邏輯哲學家

一八七二年五月十八日，伯特蘭・羅素出生於威爾斯的拉文斯克。他在年僅4歲時便遭遇父母雙亡的悲劇，之後便與哥哥一同寄住於他們管教甚嚴的祖父母家中（他的祖父約翰・羅素爵士曾經擔任過首相，同時是第一代的羅素伯爵）。6歲那年，羅素再次經歷失去親人的痛苦，而這次過世的則是他的祖父。從此，他和哥哥便與祖母相依為命。自幼年起，羅素便渴望逃離這個充滿限制和規範的家庭環境，而這種強烈的渴望以及對宗教的懷疑，對他往後的人生產生了深遠的影響。

一八九〇年，羅素進入劍橋大學的三一學院就讀，主修數學和哲學，並在這兩個領域都獲得不斐的成就。最初，羅素對唯心主義（主張現實是由心靈所創造出來的）深感興趣。然而，在離開劍橋數年後，他便徹底拋棄了唯心主義，轉而擁護實在論（主張意識和經驗的存在是獨立於外部世界的）以及經驗主義（主張知識源自對外部世界的感官經驗）。

羅素的早期著作大多集中於數學領域，其中對邏輯主義的辯護尤為重要。邏輯主義主張，所有的數學概念都可以歸結為邏輯原則，若能證明這點，就代表數學的確是先驗的知識。羅素一生中的哲學思想涵蓋許多領域，包括道德、語言哲學、形上學和語言學等等，但與此同時，羅素也在邏輯學領域持續深耕，並撰寫了《數學原理（Principia Mathematica）》一書三卷，旨在證明所有的數學原理、演算和數字概念都源於邏輯。

羅素及其學生路德維希・維根斯坦，還有哲學家G・E・摩爾三人一同被視為「分析哲學」的奠基人。

雖然羅素以哲學家、數學家和邏輯學家的身分廣為人知，但他首次為大眾所矚目，其實是因為他對社會改革的爭議性立場。一戰期間的羅素是一名十分激進的和平主義者，他積極參與許多反戰抗議，因而導致他被三一學院開除，甚至因此遭到監禁。二戰期間，雖然他仍參與許多活動以抗議阿道夫・希特勒和納粹的威脅，但此時的他已經放棄和平主義，並採取更接近相對主義的立場。此外，羅素也對史達林的極權統治、美國對越南戰爭的介入，以及核武裁減等問題發表了許多尖銳的批評。一九五〇年，羅素則因為文學上的成就而獲頒諾貝爾文學獎。

❖邏輯原子論

「邏輯原子論」是由羅素所提出的哲學理論，主張可以將語言拆分成最基本的單元，就像物質可被分解為原子一樣。當我們將句子分解為無法被進一步拆分的部分

哲學用語

分析哲學：分析哲學被視為一歷史悠久的傳統，同時是一種哲學實踐方法。這個學派有時也會與「邏輯實證主義」畫上等號，主張應該以類似科學探討的方法來進行哲學研究，即強調精準性與嚴謹性。而這樣的目標應該要運用邏輯和對假設進行質疑來達成。

時，這些部分就稱為「邏輯原子」。經由分析邏輯原子，我們可以找出句子背後隱含的假設，從而更準確地評估句子的真實性或有效性。

舉例來說，「美國的國王是個禿子」這句話看似簡單，其實同樣可以分解為以下幾個邏輯原子：

①美國有國王。

②美國國王現在在任。

③這位國王沒有頭髮。

我們都知道實際上美國並沒有國王，因此第一個邏輯原子就不成立。這便使得「美國的國王是個禿子」這整個句子失去真實性。然而，這並不表示這個句子完全是假的，因為此句的相反（也就是「美國的國王有頭髮」）同樣也不為真。這兩個句子都建立在「美國有國王」這個不為真的前提之上。透過邏輯原子論的分析，我們不僅能揭示出語句的真偽，還能深入探討其背後的邏輯結構。然而，前面分析也引出一個至今仍廣為討論的哲學問題——若一個句子既非真亦非假，我們究竟應該如何分類它呢？

❖摹狀詞理論

羅素對語言學最重要的貢獻就在於他所提出的「摹狀詞理論」。羅素認為，我們日常生活中所使用的語言太過含糊且容易導致誤解，因此無法有效地傳達真理。為了去除哲學中各種假設和錯誤的成分，我們需要一種比一般語言更加周全的表達方式。羅素認為，這種全新的「語言」應該建立於數學的邏輯之上，看起來就像是一連串的數學方程式。

在探討「美國的國王是個禿子」這一句子所引起的問題時，羅素發展出摹狀詞理論。在這個理論中，「限定摹狀詞」指的是那些用來指稱單一且特定對象的名稱、片語或詞彙（如：「那張桌子」、「澳洲」或「史蒂芬・史匹柏」）。羅素認為，一個包含許多限定摹狀詞的句子，其實就隱含著一連串的主張，只是將之用比較簡易的方式表達出來而已。由此，羅素得以證明文法的確會掩蓋掉句子背後的邏輯結構。然而，在「美國的國王是個禿子」一例中，句子所描述的對象本身就不存在或不明確（羅素將其稱為「不完備的符號」）。

❖集合論與羅素悖論

當羅素試圖將各類型的數學簡化為邏輯時，他賦予了「集合」這個概念十分關鍵的角色。羅素對集合的定義是「某些物件或元素（或者說客體）的總和」。這些集合是可以用否定的方式予以定義的，也可以同時具有多個子集，且可以將子集增加或刪減。比如說，我們可以將一個集合定義為「所有美國人」，並將另一個集合定義為「所有非美國人」（也就是用否定的方式來定義）。而「所有紐約人」則會是「所有美國人」這個集合中的一個子集。

雖然集合論並不是羅素所發明出來的（其提出者為戈特洛布・弗雷格），但他在一九〇一年提出的「羅素悖論」的確大大顛覆了這個理論的基本原則。

羅素悖論探討的是那些「不包含自己」的所有集合所組成的集合。舉例來說，假設現在有個「從古至今所有的狗」所組成的集合，那這個集合本身就並不會是一隻狗，因此這個集合並不會包含自己。然而，若有另一個由「所有非狗的事物」所組成的集合，那這個集合就會包含自己，因為這個集合本身並不是一隻狗。

當我們試著想像一個由「不包含自己」的所有集合所組成的集合時，就會產生悖論。為什麼會這樣呢？這是因為，根據其定義（也就是一個包含所有「不包含自己的集合」的集合），這樣的集合理應包含自己。然而，這與其「不能包含自己」的定義直接相矛盾。

從羅素悖論中，我們可以清楚看到集合論的缺陷。也就是說，當我們將物件界定為集合時，便會出現這種違背邏輯的情況。羅素認為，要矯正這樣的缺陷就必須實施更嚴格的規範。對羅素而言，「集合」一詞應該只能用在一群符合特定公理的物件身上，這樣就能規避掉現有的悖論或矛盾。

由於羅素對集合論的貢獻重大，後世通常將羅素之前的集合論稱為「樸素集合論」，而將在他之後的理論稱為「公理化集合論」。

維根斯坦

（一八八九～一九五一年）

語言遊戲

❖反系統的哲學家

路德維希・維根斯坦常被尊為20世紀最重要的哲學家之一，他對於分析哲學的貢獻尤其良多。一八八九年四月二十六日，維根斯坦出生於奧地利維也納的豪門家族中。一九〇八年，維根斯坦進入曼徹斯特大學研讀航太工程。不久後，他便深深受到戈特洛布・弗雷格的著作所吸引，迷上數學哲學這個領域。

一九一一～一九一三年間，維根斯坦在弗雷格的建議下進入劍橋大學，於伯特蘭・羅素的門下繼續進修。在劍橋的這段期間，維根斯坦和弗雷格一同進行研究，嘗試想要瞭解邏輯的基本原則。這時期，維根斯坦有時會前往挪威旅行，並待上好幾個月，試著解決兩人所討論的問題。一九一四年二戰開打時，維根斯坦加入奧地利軍隊，並在一九一七年遭敵軍逮捕，直到戰爭結束前都以戰俘身分受到監禁。戰爭期間，維根斯坦開始撰寫他最重要的哲學著作之一《邏輯哲學論（Tractatus Logico-Philosophicus）》。戰後，這本書以德文和英文兩種語言出版，並成為後人所稱的「早期維根斯坦」之代表作。

一九二〇年前後，維根斯坦認為自己的《邏輯哲學論》一書已然解決哲學領域所有問題，因此不再潛心研究哲學。他把繼承的遺產全數分送給自己的兄弟姊妹，並在接下來的9年內於維也納嘗試從事各種職業。

一九二九年，維根斯坦在跟一名維也納學派的成員聊到數學哲學和科學等話題後，決定回到劍橋，重拾自己的哲學研究。這段期間，他的哲學思想歷經極大變化，所以後人又將此時期他的各個演講、對話和信件等統稱為「中期維根斯坦」。中期維根斯坦揚棄了教條式哲學思想，其中不僅包括傳統的哲學著作，還涵蓋他本人早期的著述。

一九三〇到一九四〇年代，維根斯坦在劍橋舉辦許多研討會，並在此時期（又稱「晚期維根斯坦」）發展出許多重要且創新的概念，包含形式邏輯到日常語言的轉換、對哲學中各種假托之詞的懷疑，以及對數學和心理學的反思等等。維根斯坦原先打算將這些想法都寫進《哲學研究（Philosophical Investigations）》一書中（他的第2本著作），但他在一九四五年編修最終稿時突然決定終止出版計畫，僅允許在自己死後才能將此書出版。接下來的5年內，維根斯坦都在四處旅行，並進一步延伸其哲學思想。一九五一年，維根斯坦便與世長辭了。

❖早期維根斯坦

早期維根斯坦的思想主要是以《邏輯哲學論》一書為基礎所建構而成，其中，他從伯特蘭・羅素和戈特洛布・弗雷格的著作中汲取許多靈感，但他也反對兩人對邏輯的普遍主義觀點（將邏輯視為世上的終極法則和所有知識的基礎）。

以下是《邏輯哲學論》一書中所提到的7個基本命題：

①世界是所有的事情。
②所謂事情——即事實，是事態的存在。
③事實的邏輯圖像是思想。
④思想是帶有意義的命題。
⑤命題是基本命題的真值函數（一基本命題是其自身的真值函數）。
⑥真值函數的一般形式是$[\bar{p},\bar{\xi},N(\bar{\xi})]$。
⑦凡是不可說的，我們都必須沉默地略過。

基本上，維根斯坦想表達的就是邏輯本身並不具有任何法則，也不等同於一系列法則，因為邏輯和其他科學有根本上的不同。我們之所以會認為邏輯具有法則，是因為我們假定邏輯是科學的一種，但真相並非如此。邏輯完全只由形式所構成，並不具有任何內容。雖然邏輯本身不能告訴我們任何事，卻決定了我們所談論的一切事物背後的結構和形式。

接著，維根斯坦便討論到語言在世界上所扮演的角色。他認為語言只適合用來描述世界上的各種事實，而不適合用來討論存在於世界之外事物的價值和概念等，也不太能用來探討整個世界一體適用的原則（也就是哲學中大部分在討論的主題，如：美學、倫理學和形上學等等）。

舉例來說，我們的倫理觀其實就是我們看待世界和生命的方式，但這樣的概念該怎麼用言語來表達呢？維根斯坦認為我們的倫理觀（還有許多哲學思想）都只能用呈現的，而不能語言來說明。於是，他重新定義哲學的最終目標，並認為哲學並非一種教條，因此我們不應該用以教條式的方法來研究哲學。在維根斯坦的眼中，當代哲學家的職責就是用邏輯分析來找出過去哲學家思想上的謬誤（他認為所有命題都是沒有意義的謬論），並在看到有人說出那些不適合用言語來表達的概念時予以糾正。值得一提的是，因為維根斯坦認為所有命題都是謬論，他自己的著作也和謬論相差無幾了。

❖晚期維根斯坦

剛剛提到，雖然維根斯坦在《邏輯哲學論》一書中主張不應以教條式方法研究哲學，但他後來也意識到自己的著作本身就帶有教條式思想。因此，在他晚期的作品（尤其是《哲學研究》一書）中，便完全揚棄了教條主義。如此一來，他可說是放棄了邏輯，轉而仰賴日常語言，而他也認為日常語言應該是所有哲學家研究的基礎。書中，維根斯坦仔細描述了看待語言的全新方式，並主張哲學的最終目標應該是療癒人心。

維根斯坦認為詞彙的意義應由我們使用詞彙的方式所決定，而不是由現實和語言之間抽象的連結所定義（這樣的想法和他早期的思想可說是大相徑庭）。此外，他認為詞彙的意義是不受限制且並非一成不變的，就算其意義再怎麼模糊或變化，詞彙的實用性仍然不會受到影響。

為了證明詞彙的意義並非固定，且一個詞彙可以有多種用法，維根斯坦提出「語言遊戲」，並在書中一再重複提到這個概念。不過，他並沒有為語言遊戲這個詞做完整的定義，藉此展現了語言的流動性和多樣性。意即即使沒有明確定義，我們仍然可以輕而易舉地理解和使用這個詞。如此一來，維根斯坦成功證明我們目前使用日常語言的方式就已經非常夠用了，如果硬要更深入挖掘語言背後的意義，就只是在無憑無據的情況下將其普遍化而已。

《哲學研究》這本書的另一個重點就是「心理學的語言」。在使用「思考」、「意圖」、「理解」和「試圖」等詞彙時，我們常會誤以為這些詞是在指涉我們的心智歷程。然而，維根斯坦審視這些詞的使用情境後發現，這些詞其實並不是在描述我們的心理狀態，而是在指涉我們的行為。

維根斯坦發現，語言和習俗並不是由法律規範所定下來，而是由我們在社交情境時（他將其稱為「生活形式」）使用語言的方式所決定。也就是說，我們是從這些社交場景中學習如何使用語言的，因此能瞭解彼此在說什麼。此外，這也是為什麼我們無法自創新的語言來描述自己內在的感受（這樣一來，我們就無法判斷這個新造的詞是否用在正確的地方，因此這樣的語言可說是毫無意義）。

維根斯坦使用「看到」和「看作」兩個詞的區別來說明「詮釋」的概念，並以著名的「鴨兔錯覺圖」舉例。當我們「看到」某事物時，我們就只是單純看見該事物而已（舉例來說，我們一開始可能會「看到」書上有一隻鴨子）；而當我們將某事物「看作」另一事物時，就表示我們開始注意到該事物身上某些特殊的面向（舉例來說，在多看幾眼之後，我們可能會開始將這張圖「看作」是一隻兔子）。也就是

©Gamze Yildiz／shutterstock.com

說，當我們把某事物「看作」另一事物時，就是在進行某種詮釋。當我們意識到所見事物有一種以上的詮釋方式，才有可能開始進行詮釋。

雖然維根斯坦早期和晚期的作品都帶有反理論的色彩，且都會不斷界定哲學的本質應該為何（或不該為何），但我們仍然可以看到，他從早期使用邏輯來證明哲學理論的無能，演變為晚期提倡哲學的療癒本質，可說是在哲學思想上歷經了十分巨大的轉折。

現象學

❖研究意識的學科

現象學是一門研究意識和個人經驗的哲學學科。20世紀，現象學成為哲學領域的一個重要分支，尤其體現在海德格和沙特等人的著作中。然而，若不是埃德蒙德・胡塞爾開創這門學門，海德格和沙特兩人也不可能有現在的成就。

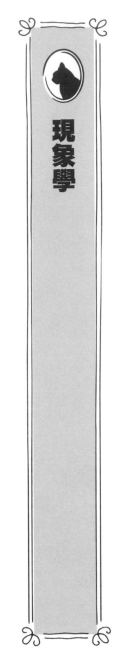

❖現象學的起源

埃德蒙德．胡塞爾出生於摩拉維亞，起初是數學家，致力於數學哲學的研究。一開始，胡塞爾相信算術學遵守的是嚴格的經驗主義，但在受到戈特洛布．弗雷格的影響後，他逐漸發現有些算術學中的真相是無法單用經驗主義來解釋的。他在《邏輯研究（The Logical Investigations）》一書中，批判了「心理主義」學說（主張真理與個體的心理狀態有關），認為真理不應該被簡化為人類心智的產物，而這樣的立場也促使他開始發展現象學的理論框架。

根據胡塞爾的理論，現象學的中心主旨即是我們的意識具有「意向性」。也就是說，所有意識活動都是針對某些特定對象進行的，這些對象既可以是具體存在的物質，也可以是抽象的概念（如：數學）。這些意識的意向性對象（或是意向性行為），都是以我們的意識來進行定義。而在對意識中的對象或內容進行描述時，也不需要擔心這個對象是否真的存在，意即即便是在描述夢境中的情節，也可以如同描述書中發生的場景一般。

胡塞爾的早期作品依循實在論的想法（即當一個人意識到某物體時，表示意識中的物體與物體本身皆實際存在），而後期著作則轉而探討意向性與自我的概念。隨著胡塞爾的立場逐漸趨近超驗理念，他也重新定義了自己早期所關注的主題。

他於一九三一年出版的《純粹現象學導論（Ideas: A General Introduction to Pure Phenomenology）》中，明確區分了「自然觀點」與「現象學觀點」這兩個概念。「自然觀點」指的是我們日常生活中的正常視角，只會意識到實際存在的事物；而「現象學觀點」則允許我們看透這些外在事物，去洞察和理解事物的意識。要擁有這種視角，就必須透過一連串的「現象學還原」來除去經驗中的各種特性。

胡塞爾提出的許多現象學還原中，尤其引人注目的是「懸擱」和「正式的還原」。

◉懸擱

胡塞爾主張，我們傾向於將生活中的各種面向（如：語言、文化、重力，甚至我們自己的身體）視作必然的存在，而這些面向其實會對我們造成各種束縛。而「懸擱」則是一種現象學上的還原過程，使我們不再把這些面向視為真實存在。也就是說，我們將自己從看似理所當然的面向中解放出來，以獲得真正的自我意識，胡塞爾把這個過程稱為「放入括號」。

「放入括號」並不是要我們否定世界的存在，而是為了讓我們棄絕所有信念，如此一來就既無法證實也無法否認世界的存在。

◉正式的還原

懸擱讓我們不再無條件接受既定事實，從而從自己所認知的世界中解放出來。而所謂的「正式的還原」則讓我們意識到「接受」的本質就僅是「接受」而已。當我們理解到這件事時，就能獲得超驗的深刻見解。

正式的還原與懸擱共同構成了現象學中的還原過程，且兩者是無法獨立運作的。

❖現象學研究方法

依據胡塞爾的說法，現象學研究的第一步就是進行現象學還原（包含「懸擱」和「正式的還原」）。也就是說，我們要對所有知覺現象都放入括號，包含所有意識模式（如：想像、記憶、判斷及直覺等）。

第2個階段稱作「本質還原」。僅擁有意識還不夠，我們必須盡可能深入挖掘各種意識行為，直到找出其恆久且普世的本質結構為止。要達成此目的，其中一個方法就是透過「本質直觀」，意即研究者需創造多種變異形式，並試圖找出這些變異中不變且共通的部分。如此一來，就可以找到意識行為的本質。

最後一步則是「超驗還原」。對胡塞爾來說，現象學可以讓我們回歸到「超驗自我」（要形成完整、統一且以經驗為依據的自我認知，就必須具有這種「超驗自我」），並以此作為賦予意義的基礎。胡塞爾認為，為了實現超驗自我，必須逆轉超驗意識，在這種意識中會產生作為自我構成的時間意識。

雖然胡塞爾在他剩餘的學術生涯中花了大把時間解釋超驗還原的觀念，但這個概念仍引起廣大的爭議。因此，現象學分裂成2個不同的派別，其中一派支持超驗還原，而另一派則持反對意見。

哲學用語

本質現象學：原本西奧多・利普斯（心理主義創始人）在慕尼黑的幾位學生決定轉而追隨胡塞爾的哲學後，便動身離開慕尼黑，前往哥廷根拜胡塞爾為師。一九一三年，胡塞爾出版《純粹現象學導論》一書，其中闡述了他對超驗還原的想法。然而，這些學生並不認同這個理論，因而明確地與這本著作劃清界限，並以胡塞爾早期偏向實在論的著作為基礎，創立一種全新的現象學思維，稱為「本質現象學」。

海德格

（一八八九～一九七六年）

存有與時間

❖20世紀關鍵哲學

一八八九年九月二十六日，馬丁‧海德格出生於德國一座名叫梅斯基希的小鎮，當地濃厚的傳統保守風氣和宗教氛圍對他後來的哲學思想產生深刻影響。一九〇九年，他開始在弗萊堡大學研讀神學，卻在不久後的一九一一年轉而專注於哲學領域。

海德格的哲學觀念受到過往許多哲學家影響，特別是亞里斯多德的《形上學》一書，以及他對不同存有形式之間連結的探究，對他影響尤為深遠。此外，埃德蒙‧胡塞爾的著作也對他產生深刻影響。一九一九年，海德格成為胡塞爾的助手，後來還接替了胡塞爾的教職，這些經歷共同催生出他最知名的著作——《存有與時間（Being and Time）》。

《存有與時間》出版於一九二七年，被視為歐陸哲學領域中一部極其重要的著作，且至今仍被認為是20世紀最關鍵的哲學文獻之一，啟發了後來許多偉大的哲學家。

《存有與時間》出版後，海德格的哲學觀產生顯著轉變，而他本人則將這樣的轉變稱為「轉向」。對於海德格來說，這不是思想上的轉變，而是「存有」的轉變。在他次重要的作品《哲學獻文（Contributions to

Philosophy）》中，海德格對這次「轉向」的核心要素進行了分析。雖然這本書早在一九三六年前後就已撰寫完成，但直到一九八九年才首次以德文版形式發表。

一九三三年，海德格加入納粹黨，隨即被選為弗萊堡大學的校長。對於他擔任校長期間的行為可說是眾說紛紜，有人說他積極將納粹理念融入大學制度，而有的則認為他其實暗地裡反對納粹的某些做法（例如反猶政策等等）。無論如何，海德格的校長生涯並未持續太久——他於一九三四年便辭去了校長的職位。自那年起，雖然並未正式退黨，但海德格便開始與納粹保持距離。二戰結束後，弗萊堡大學的去納粹化委員會對海德格進行了調查，並勒令禁止他教學，此禁令一直持續到一九四九年才告終止。次年，他便被授予了名譽教授的頭銜。

❖存有與時間

《存有與時間》可說是海德格的著作中最重要卻也最複雜的一本，同時奠定了他20世紀最偉大哲學家之一的地位。

書中，海德格深入探討了「存有」在形上學中的涵義。為此，他首先從笛卡兒的論述著手。笛卡兒主張存有可分為以下3種不同類型的實體：

①不需仰賴其他實體就能存在的實體

②思想實體（非物質實體）
③廣延實體（物質實體）

海德格認為，笛卡兒所提出的分類會導致一種「不定的差異」，讓我們誤以為存有可以同時以這3種方式存在，但這其實是不可能的。此外，他也不認同笛卡兒對於存有的概念，批評笛卡兒將世界過度簡化為廣延實體的集合，以及僅把存有定義為「瞭解另一客體」的做法。

海德格認為，透過內省和自我質詢來理解存有，才是最恰當的。於是，他得出以下結論：存有即是我們自己。他將這樣的概念稱為「緣在」，也就是「存在於此時此地」的意思，指存有自問其自身本質的過程。因此，緣在是一種自我詮釋的存有，以「我」自稱，並具有「本真性」。也就是說，自我詮釋正是存在的具體體現。

接著，海德格進一步提出存有的3種基本模式：

①緣在
②手前存有（一種客觀存在的狀態，可透過觀察和理解事物本身的屬性與概念來理解。）
③在手存有（指如工具般的存在，這些事物不僅可用，其存在本質使得它們可以被操作。）

緣在展現了人類存在的日常模式，這種存有既不是完全的本真性，也不是完全的非本真性。其屬於我們日常生活的一環，似乎是生活本身在塑造我們，而不是我們在主導生活。

海德格認為，將主體視為客體的概念是不正確的，我們應將主體看成是一種「在世存有」。環境不應僅被視為充斥著客體，更應視為充滿實用性質的「事物」。這些事物在海德格的哲學中被稱作「用具」（即「工具」），可以協助我們完成特定事務。用具唯有在被用於某事務中，或是被比喻為某事務中的另一事物時，才有存在意義。因此，用具的存有形式就是前面提到的「在手存有」。換言之，這類事物的本質源於其在許多事物間的相對位置。

然而，緣在本身無法獨立創造意義，因為其並不是一個全然自主的統一實體。緣在的個體性揭示了其與世界及其中事物的聯繫——它總是存在於由其他事物所構成的世界中而無法獨立存在，因而產生出一獨特但具有瑕疵的觀點。用具（如：語言、文字和事務）等不僅屬於人，因此緣在即是海德格口中的「人人自我」。

最終，海德格認為緣在的存有本質即是「時間」。雖然緣在

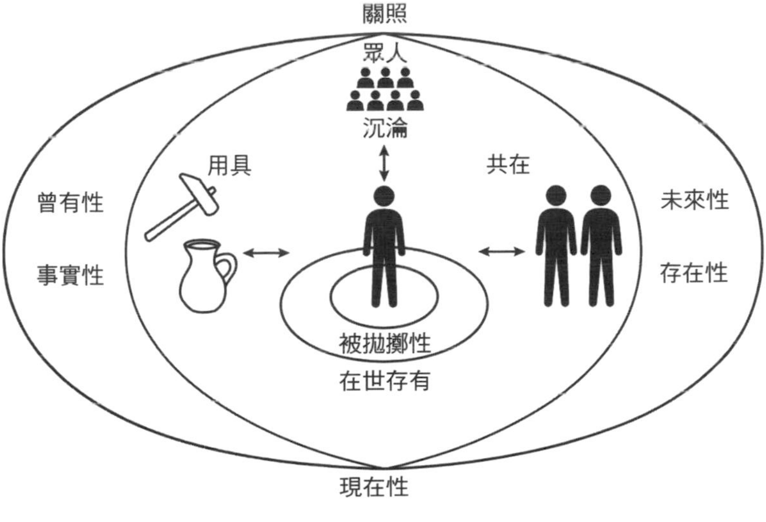

終將自出生奔向死亡，但其的確是透過傳統和歷史來與世界連結的。

上圖中的詞彙意義分別如下：

- **曾有性**：已經過去的生活，或已經存在的狀態。
- **事實性**：意即丟進來，因為我們的存在就像是被隨機拋入這個世界一樣。
- **用具**：工具或設備，可以和我們產生有意義的互動。
- **關照**：關懷或關注，是海德格眼中在世存有的根基，因為這是我們內在動力的泉源。
- **沉淪**：墮落或疏離。
- **被拋擲性**：意即被丟進來。
- **在世存有**：意即存在於此時此地。
- **現在性**：意即現在。
- **共在**：意即與他人共存。
- **未來性**：意即未來。
- **存在性**：指存在的本質。

❖轉向

二戰過後，海德格轉而探討起行為如何依賴於我們生來就擁有的「存在開放性」。他強調，維持這種開放性對人類來說至關重要，並指出現代社會正在遺忘這種開放性。海德格認為，在前蘇格拉底哲學家（如：赫拉克利特、阿那克西曼德等）的時代，這種開放性仍然維持本真，但自從柏拉圖時代起就逐漸被忽略。

此外，海德格也對科技與詩詞產生濃厚的興趣，認為兩者雖然截然不同，但都是可以揭示存有本質的途徑。他認為，詩歌能揭示存有的本質，而科技則透過其「框架」（他將其稱為「構架」）來定義存在，讓主體與客體之間的區別更加明確。海德格指出，雖然科技可以讓我們對自身的存有產生全新理解，但其框架也可能會限制住我們接觸更深層真理的能力。

沙特（一九〇五～一九八〇年）

存在主義

❖存在主義的先驅

一九〇五年六月二十一日，尚－保羅・沙特出生於法國巴黎。一九〇六年，也就是沙特的父親去世那年，他和母親決定搬去與外祖父同住。沙特的外祖父名叫卡爾・史懷哲，是一名備受尊崇的作家，主要撰寫哲學和宗教相關內容。然而，沙特長大成人的過程中，史懷哲的宗教信仰引發家中許多爭執。值得注意的是，雖然沙特並不喜歡外祖父在自己身旁，卻不排斥接受他的教導。

一九二四年，沙特開始在大名鼎鼎的巴黎高等師範學院研讀哲學。一九二八年，他結識一位同學，而這位同學後來成為他終生的伴侶——她就是後來寫出留名青史的女性主義作品《第二性（The Second Sex）》的西蒙・波娃。畢業後，沙特便入伍從軍，並在退伍後於法國找了份教職。一九三三年，沙特搬到柏林，在埃德蒙德・胡塞爾的門下從事哲學研究。這段期間，他結識了馬丁・海德格，而海德格的思想則對沙特的哲學產生了極為深遠的影響。一九三八年，沙特出版了哲學小說《嘔吐（Nausea）》。

一九三九年，二戰正式開打，當時的沙特受法國軍方徵召入伍。一九四〇年，沙特遭德國軍方俘虜，囚禁整整9個月之久。這段期間，他動筆寫下《存在與虛無（Being and Nothingness）》這本廣為人知的存在主義作品。一九四一年，沙特回到巴黎，並在2年後出版這本書。在這之後，他的名聲水漲船高，成為了戰後最重要的知識份子之一。

後來，沙特擔任《摩登時代（Les Temps Modernes）》雜誌的編輯，並因此得到持續寫作、精進自己哲學思想的機會。此外，他也因而關注起當時的政治和社會局勢，從此對政治十分狂熱。沙特是個忠實的社會主義者，在冷戰期間也十分支持當時的蘇聯政府（矛盾的是，他時常批評在社會主義政權中常見的極權統治）。當時，支持馬克思主義的他也親自與菲德爾・卡斯楚和切・格瓦拉會面，積極反對越戰，更公開批評法國對阿爾及利亞殖民一舉。

在寫作方面，沙特可說是十分多產的作家。一九六四年，他得到諾貝爾文學獎的殊榮，卻破天荒地拒絕受獎。他認為作家不應該被貼上特定機構的標籤，並相信東西方的文化不需要機構的幫忙，也可以達成交流。

在沙特的寫作生涯中，除了哲學作品之外，也曾經寫過電影和戲劇的劇本。

❖沙特的哲學思想

沙特晚年幾乎全心投入政治運動，但他早期的存在主義作品仍被視為哲學史上最深刻的幾部著作。

◉認識自我

在沙特的眼中，世上每個人都是具有自我意識的「對己存有」。人類並不具有特定本質，所具有的是「意識」和「自我意識」，而這兩者都可以不斷改變。也就是說，如果我們相信社會地位會決定我們對自己的感受，或是相信我們的觀點是無法改變的，就是在自我欺騙。如果我們跟別人說「我這個人就是這樣」，同樣是在欺騙自己。

對沙特來說，我們永遠都有機會「自我實現」，意即在我們已經被形塑成特定樣貌後，再進一步將自己塑造成另一種樣子。若想要做到這件事，就得先認清沙特口中的「實事性」。實事性指的是發生在外在世界，並對我們產生影響的現實情況。此外，也必須知道另一件事——我們所擁有的意識是獨立於這些現實情況之外的。

沙特認為我們必須理解以下事實：雖然我們可以為自己的意識負責，但我們的自我意識永遠都不會和我們的實際意識相符。

◉「在己存有」和「對己存有」

對沙特而言，存有可以分為以下2種：

・**在己存有**：指本質完整且可定義的事物，但這樣的事物無法意識到自身本質的全貌。岩石、鳥類和樹木等都屬於此類。

・**對己存有**：指具有意識，且可以意識到自身存在的事物。人類就屬於此類型的存有。此外，對己存有也能清楚知道，自己並不具有像在己存有那樣固定和完整的本質。

◉他人所扮演的角色

沙特認為，身為對己存有的人類，唯有在感受到另一個對己存有的目光時，才會對自身的存在有所覺察。也就是說，他人（或其他具有意識的存有）的注視，會讓我們有意識地察覺到自身的同一性。由此可見，我們只有在與他人的關係中才能理解自己。

接著沙特談到，在我們剛遇見「他者」時，狀況可能會有些微妙。因為我們可能會感受到對方（也就是另一具有意識的存有）正在以不同的面向（如：外表、類型和本質等）將我們「客體化」。就算這種感受常常只是我們無中生有的，仍然會反過來引導我們將「他者」視為是單純、定義清楚且不具有意識的客體。根據沙特的說法，種族歧視、性別歧視和殖民主義等都是由此誕生的。

◉責任

沙特認為，我們的本質上即是自由的，但同時我們必須對自己的行為和意識等所有面向付出相對應的責任。若有人不想要負起這樣的責任，這同樣是他基於自身意識所做出的決定，因此他還是必須為自己的無所作為負責。

由此，沙特延伸探討到倫理和道德的問題。他認為倫理道德是非常主觀的，會根據每個人的道德觀而有所不同。因此，我們不可能找到全世界通用的倫理道德準則。

◉自由

後來，沙特愈來愈關注政治相關議題後，便開始探討個體的意識和自由在更大的社會框架（諸如種族歧視、性別歧視、殖民主義和資本主的剝削）之中所扮演的角色。他認為這些社會框架會忽略人們的意識和自由，並將人們客體化。

沙特相信，無論人們受到多大程度的客體化，其自由仍不會隨之減損，意即我們始終都會保有自己的意識和自由，因此仍然具有改變現況的能力。對沙特來說，人類生來就具有的意識自由可說是一把雙刃劍，自由雖然賦予我們改變和塑造自己人生的力量，但同時會讓我們承擔對應的責任。

存在主義

❖個體與主觀經驗

「存在主義」與其說是一門學派，不如說是始於19～20世紀的一股哲學思潮。在這之前，主流的哲學思想日益複雜抽象，哲學家專注在自然和真理等主題，而逐漸忽視人類存在的重要性。到19世紀，以索倫・齊克果和弗里德里希・尼采為首的幾位哲學家，重新將研究重心轉到人類的主觀經驗上。雖然存在主義哲學家的思想各自不同（且「存在主義」一詞是直到20世紀才被發明出來），但他們之間都有一個共通點——認為哲學應該關注人類存在於世的主觀經驗。換句話說，存在主義探討的主題就是自我及生命意義的探索。

❖存在主義哲學的常見主題

如前所述，雖然每個存在主義哲學家的思想都不盡相同，但仍有幾個相通的主題。存在主義的核心概念之一是：我們只能透過「自由意志」、「責任」和「選擇」來探索自我和追尋生命的意義。

◉個體

存在主義時常探討我們身為人類而存在的意義。存在主義哲學家相信，人類是被「拋棄」在這個宇宙中的，因此真正的現實是存在本身，而非意識。每個人都是有能力獨立思考與行動的「個體」，且個體的本質應由其生命本身來定義；而生命的價值和意義，則是由個體的意識來決定。

◉選擇

存在主義哲學家相信，每個人都擁有自由意志，且可為自己的生命做出選擇。社會的框架並無法控制個人的選擇，每個人都能根據自己的觀點、信念和主觀經驗來做選擇，不必考慮社會等外在力量。憑藉這些選擇，我們就能逐漸開始理解自己的本質。而追求財富、虛榮和快樂則毫無目的，因為它們並不能帶來美好的人生。

「責任」的概念也是存在主義的核心之一。如前所述，每個個體都握有全部的決策權，而這些決策也有其相應的壓力和後果。然而，個體唯有在反抗自己的本性時，才能展現出其最佳狀態。總而言之，我們生命中所做出的各項選擇會決定我們的本性，且世界上的確存在某些不自然且不合理的事物。

◉焦慮

存在主義哲學家十分關注所謂的「存在危機」，意即當我們得知與自身存在和本性相關的事實，並因此對人生的意義有新認識的時候。這些存在危機是自由和責任所造成的結果，且常會伴隨著焦慮、煩惱和擔憂等感受。

如同前面所述，正因為人類是被拋棄在宇宙中，因此我們的存在某種程度上是毫無意義的。我們的自由代表著我們對未來的不確定性，而我們的生命則是由自己所下的抉擇所定義。當我們深信自己對周遭的世界有一定程度的認識，卻發現某些與自己的理解有所衝突的事物時，就會陷入存在危機，迫使我們重新審視生活中的各個面向。而創造意義和價值的唯一途徑，就是做出抉擇並承擔相應責任。

◉本真

想要成為一個真誠的人，就必須跟自身的自由達成和諧共存的狀態。以存在主義哲學的概念來說，「本真」指的是對於自我的全然接受，並依據真實自我來做出行動。我們必須擁抱自己的身分，且不能讓過去或成長背景影響自己的決策過程。因為我們是以自己的價值觀作為選擇的根據，因此決策過程中也會伴隨相對應的責任。

若無法跟自身的自由達成和諧共存，就會成為一個不真誠的人。也正是因為有這些不真誠的主觀經驗，人們才會相信所謂的「決定論」，意即認為做選擇是沒有意義的，而任由「應該怎樣做」的觀念來主導自己的決策過程。

◉荒謬

「荒謬」可說是存在主義哲學中最知名的概念之一。存在主義哲學家大多認為存在本身是沒有意義的，自然也並非精心設計的造物。雖說科學和形上學等學科能幫助我們理解自然，但這些理解大多只停留在「描述」層次，而不能提供真正的「解釋」，更無法幫助我們深入瞭解其意義與價值。根據存在主義的觀點，我們人類應該接受自己「永遠無法真正理解世界」這一事實。除了我們所賦予的意義之外，這個世界本身是沒有意義的。

除此之外，雖說決策背後通常有其原因或邏輯，但因為我們永遠無法理解任何事物的「意義」，因此這些原因或邏輯——甚至是決定貫徹這個決策的後續抉擇——也都是荒謬的。

❖宗教與存在主義

雖然有些大名鼎鼎的基督教和猶太教哲學家，也會在作品中應用存在主義的概念，但存在主義多半都會和「無神論」綁在一起。這裡並不是說所有無神論者都相信存在主義，而是贊同存在主義觀點的人大多是無神論者。

為什麼會出現這樣的現象呢？其實存在主義哲學本身並沒有特意證明神的存在與否，只是其主題與核心概念（如：全然的個人自由等）通常與宗教的概念不太相容，因為大多數宗教都相信世界上有一全知、全能、全善且無所不在的存在。即使是那些相信有更高層次存在的存在主義哲學家，也對宗教持懷疑態度。畢竟存在主義的核心就是希望人類從內在發覺自身的意義和目的，若我們相信有可以操控人類的外在力量，這個核心宗旨就無法達成了。

形上學

❖第一哲學

亞里斯多德是形上學的忠實信徒，並將形上學稱為「第一哲學」。從許多方面來說，形上學都可說是一切哲學思想的根基。形上學主要探討的是「存有」和「存在」的本質，探問許多複雜且深刻的問題，諸如關於神、關於存在、關於心靈以外的世界、關於現實究竟為何。

亞里斯多德將形上學拆成3個分支，時至今日我們仍然沿用著這樣的分類方式。這3個分支分別為：

①本體論：主要研究存在和存有（這邊的存有包含心靈和物質的實體），也研究變化的概念。

②普遍科學：主要研究邏輯和推理，被視為是「第一原則」。

③自然神學：主要研究上帝、宗教、靈性和創造等。

❖存在狀況的存在

形上學中，所謂的「存在狀況」就是指一種持續存在的狀態。「存在狀況的存在」是由形上學衍生出的知名格言，主張世界上並非空無一物，而是有東西存在著。我們腦中出現的每個念頭都源自對某事物的覺察，所以必定有某些事物存在於世上。因此，如果某事物必然存在，就表示「存在狀況」也同樣存在。換句話說，必須先有「存在狀況」，才會有知識的出現。

當我們否定某事物的存在，就代表我們認為該事物並不存在。然而，其實「否定」這個行為本身就代表著「存在狀況的存在」。此外，存在的事物必定有其「同一性」。也就是說，所有存在之物都必須以某種特定身分存在，不然就只是一片不存在的虛無了。

人必須先有意識，才能發現自己察覺到某事物。因此，根據勒內・笛卡兒的名言「我思故我在」，我們的意識必然存在，因為就算我們否定其存在，正在執行「否定」這個動作的仍然是我們的意識，故這樣的否定並不成立。然而，笛卡兒的想法還是有些不正確之處。他認為人在空無一物（也就是沒有事物可供察覺）的狀況下，仍然能夠進行覺察，但這樣的想法其實是錯誤的。

事實上，意識應該只能用來察覺那些存在的事物。當我們說自己「有意識」，就代表我們正對某一事物有所覺察。也就是說，意識只有在外界存在著某些事物時，才能夠正常運作。因此，存在狀況不僅是意識的必要條件，更是意識運作的根基。所以說，笛卡兒「我思故我在」的概念其實是有瑕疵的，因為意識的運作必須仰賴外在事物的存在狀態。

❖客體與性質

在形上學的世界裡，哲學家會試圖探討客體的本質為何，以及這些客體具有哪些性質。形上學中普遍認為，世界是由許多物品所組成，這些物品又稱為「客體」或「殊相」，而其型態可以是實體、也可以是抽象的。此外，這些殊相之間有一些共有特質，哲學家將這些特質稱為「共相」或「性質」。

起初，研究形上學的哲學家想知道的是，性質是否可以同時存在於不同地方。這時候，他們遇到了所謂的「共相問題」。舉例來說，我們知道一顆紅蘋果和一輛紅色的車可以同時存在，這樣是不是代表世界上存在著一種「紅」的性質？如果「紅」這個性質真的存在，其本質究竟為何？針對這些問題，不同學派的哲學家提出了截然不同的回答：

- 從柏拉圖實在論觀點來看，「紅」這個性質的確存在，但並不存在於任何時空中，而是存在於時空之外。
- 從溫和實在論觀點來看，「紅」這個性質確實存在於時空中。
- 從唯名論觀點來看，像「紅」這種共相並非獨立存在，而是只以名稱的形式存在。

這些針對存在狀態和性質的討論，延伸出了形上學最重要的面向之一——「同一性」的概念。

❖同一性

形上學中的「同一性」指的是讓我們得以辨認出某實體的事物。世上所有的實體都具有某種特定性質，而我們可以透過這些性質來定義該實體，並將該實體與其他實體做出區別。因此，亞里斯多德提出「同一律」，認為任何存在的實體都必然具有其同一性。

講到實體的同一性，就要談到2個非常重要的概念——「變化」和「因果」。

世界上有許多看似不大穩定的同一性。舉例來說，房子可能坍塌、蛋殼可能破裂、植物可能凋亡；但這些同一性其實並非不穩定。換句話說，這些客體只是因為受到因果的影響，故根據其同一性產生特定變化。這時，我們必須用該實體的組成成分，以及這些成分間的互動來解釋其同一性。也就是說，我們要把一實體的同一性看成是其部分的總和。舉例來說，我們在描述一棟房子的時候，可以敘述其建造時使用的不同木材、玻璃和金屬，以及這些材質之間是如何互動，才得以構成這棟房屋的。此外，我們也可以用組成這棟房屋的不同原子來定義其同一性。

要先有某個動作造成變化，才會使同一性改變。根據因果律，所有「因」都會造成不同的「果」。至於造成怎樣的「果」，就要看該實體本身的同一性為何了。

到目前為止，主要有以下3個理論在探討變化的概念：

①接續論：此理論認為所有客體都是由4個維度所構成。根據接續論，所有客體都具有「時間部分」（指

存在於時間之中的部分），且在客體的存在狀況中，客體在每一刻都只有部分存在而已，就像一棵樹一樣——樹在其生命週期中，必然會經歷各個階段。

②持續論：此理論認為，客體始終都會維持同樣狀態，且一直都會以完整形式存在，就像掉了葉子的樹仍然是同一棵樹一樣。

③分體本質論：此理論認為，客體中的各個部分都十分重要，若有任何一部分不見，客體就無法存續。根據分體本質論，掉了葉子的樹就不再是同一棵樹了。

形上學所探究的是存在的本質以及存在本身的意義，因此這門學科勢必會觸及許多不同類型的哲學議題。正因如此，形上學經常被視為哲學的基礎，或是所謂的「第一哲學」。

知識論

❖研究知識的學科

「知識論（Epistemology）」這個詞原本是希臘文，原文是由「知識（Episteme）」和「的研究（logos）」

兩個字根所結合而成。因此，當我們說到「知識論」時，就是在指有關知識的研究。鑽研知識論的哲學家主要會談論2大主題——「知識的本質」和「知識的範疇」。

◉知識的本質

在討論知識的本質時，哲學家就是在探討「我知道」和「我不知道」這兩句話背後的意義。為此，必須先理解知識到底是什麼，以及如何區分「知」與「不知」。

◉知識的範疇

在討論知識的範疇時，哲學家想要知道的是，我們究竟有能力知道哪些事，以及我們現在所已有的知識究竟有哪些。此外，哲學家也嘗試探討我們獲取知識的各種方法（像是透過感官、理性和他人等等）。知識論的學者也常會討論我們的知識是否有界限，以及世上是否存在某些不可知的事物等問題，意即有沒有可能我們自以為什麼都知道，但其實一無所知呢？

❖知識的類別

「知道」這個詞在我們的語言中有許多不同的使用方式，而哲學家所說的知識通常是事實性的——也就是說，我們只能夠「知道」那些的確是事實的事物。

哲學家又把這些知識分成以下幾種類別：

◉程序知識

這類型的知識有時又稱為「技術訣竅」或「能力知識」，指我們從執行任務或程序中所習得的知識（像是騎腳踏車等）。

◉對象知識

這種知識又稱為「熟悉性知識」，指透過體驗某事物所取得的知識。此類知識中的資訊必然是感官類型的，因為我們永遠無法真的「知道」某外在事物的本質。

◉命題知識

相較於程序知識和對象知識，知識論通常比較專注於「命題知識」的探討。這類型的知識是由描述事件的狀態或事實的陳述句所構成，但這些陳述句中的命題有可能為真、也有可能為假。舉例來說，「鯨魚是哺乳類動物」和「5＋5＝13」這兩個句子都是命題，但後者其實並不正確。命題知識有時又稱為「知其如是」的知識，因為其中的陳述句通常都會用到「是」這種字眼。舉例來說，「他所知道的是，這間衣服店就位於購物中心內」，或是「他所不知道的是，奧爾巴尼其實就是紐約州的首府」。

命題知識涵蓋許多不同主題，包含數學、地理和科學等等。因此，我們可以藉此得知任何種類的事實（雖然有些事實或許是不可知的）。而知識論的目的之一就是要理解知識的原則，以區分那些可知和不可知的知識（這類型的研究屬於後設知識論的一部分，也就是研究我們可以知道多少知識的學科）。此外，命題知識又可以分為先驗知識（在有經驗之前就已知的知識）和後驗知識（在經驗之後才得知的知識）。

❖知識的意義

討論命題知識的過程中，哲學家對於「知識」的本質也產生許多疑問，比如究竟怎樣算是真的「知道」某件事？「知道」和「不知道」之間又有什麼差別？「知道」某件事的人和「不知道」這件事的人之間有什麼不同嗎？由於知識涵蓋的範圍甚廣，對於以上問題，研究知識論的學者想要找到的答案必須是可以應用在所有知識和命題上的。對此，大多哲學家都同意知識必須有以下3個要件——信念、真理和證成。

◉信念

知識只存在於人心，因此知識可說是心靈狀態的一種。此外，知識也是一種信念，因為如果我們對於某事物不具有一定的信念，就不可能擁有和該事物有關的知識了。那些我們主動去思考的信念稱為「當下信念」，但其實我們大多數的信念都屬於「非當下信念」，意即在背景自動運行的信念。同樣地，

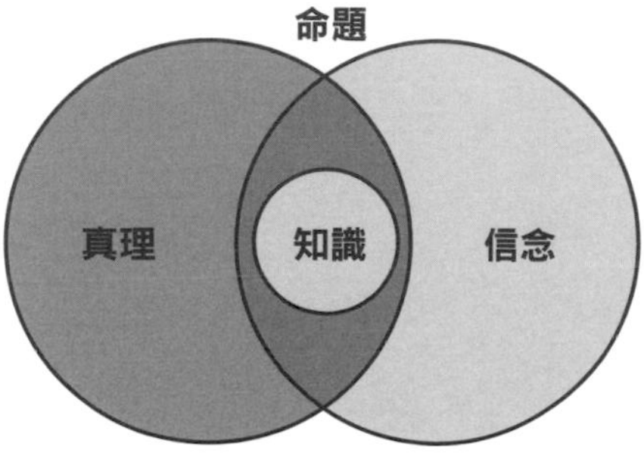

我們大多數的知識也都是「非當下知識」。也就是說，我們心中只有部分的知識是活躍的。

◉真理

不是所有信念都能被稱為知識。雖然信念對於知識的形成是必要的，但並不是唯一要件，還得確保我們的想法與現實世界的狀況吻合才行，因為與現實不符的想法就不能被視為知識。舉例來說，如果我們還沒有安然走過某座橋樑，就不能說自己「知道」這座橋是安全的；反過來說，如果我們相信這座橋很安全，但當我們開始過橋時，橋卻崩塌了，就不能說自己當時「知道」它是安全的。雖然我們可以「相信」橋是安全的，但唯有在真的安全通過之後，我們才能宣稱自己「知道」橋是安全的。而我們在獲取知識的過程中，也會試圖增加自己所擁有的真實信念（並盡量減少虛假信念）。

從上面的討論可以得知，只有真實的信念才能算得上是知識。也就是說，「真實」同樣是知識存在的前提，沒有真實性就不會有知識。此外。就算某情境中的確有真實性存在，但如果在某特定領域內找不到任何真實的事實或證據，這個特定領域就會被認為是沒有知識的。舉例來說，如果「情人眼裡出西施」這句話是真的，對人類美醜的判斷就不能算是知識，因為我們無法確定這樣的判斷到底是真是假。因此，要有知識不僅需要有信念，這些信念還必須奠基於事實之上。

◉證成

然而，即使我們所擁有的信念奠基於事實之上，也不見得表示我們具有知識。若要形成知識，這些真實的信念必須有充分的理由支持。也就是說，真實的信念必須有合理的推理過程和可靠的證據，才能算得上是知識。因此，僅憑猜測、錯誤的推理或是誤導人的訊息所得出的結論，不能算是知識（就算這個結論剛好是真的也一樣）。

雖然「證成」的重要性不言而喻，但這並不代表我們一定要百分之百確定其為真才算是具有知識。畢竟身而為人必然會犯錯，而這也恰好引出人類「易謬性」的概念。

知識的概念其實比我們想像中還要複雜，且會引出許多不同問題——尤其是在討論「證成」概念時。哲學家為了解釋證成的概念，提出2種不同的思考方式——「內在論」和「外在論」。

內在論

內在論主張，既然信念及其形成過程都在我們的內心進行，信念的證成就完全依賴於個人的內在因素。根據內在論的觀點，要判斷一信念的合理性，關鍵在於檢視擁有該信念者的心理狀態。

外在論

有人認為，如果僅考慮內心因素來判斷信念的證成，可能會出現誤判或單憑運氣的情況。因此，外在論主張在判斷信念是否有根據時，必須考慮一些外在因素。「可靠論」

哲學用語

易謬性：哲學領域中，「易謬性」主張沒有任何信念可以得到全然的支持或證成。這並不表示世界上不存在真正的知識，而是在告訴我們——就算我們認為是真實的信念其實是假的，我們仍然可以算是擁有知識。

是外在論中最受歡迎的一種，強調我們必須注重信念來源的可靠性。不同的來源（如：他人的陳述、邏輯推理、感官經驗或記憶等）都會影響信念的證成。根據可靠論的說法，如果一個信念來自可信的來源，我們就可以說該信念得到了證成。

不過，只有這3個條件必定是不夠的，但第4個條件究竟為何哲學家仍然尚未達成共識。

Column

空地上的乳牛

現在，請你想像以下情境：

有名農夫十分擔心，因為他農場裡一頭上好的乳牛走失了。這時，有個送牛奶的人來到農場，於是農夫就跟他聊起自己的擔憂。送牛奶的人要農夫不必擔心，因為他在鄰近空地上曾看到那頭乳牛。為了確認他說的是否為真，農夫望向遠方的那片空地，並看到一黑白交錯的龐然大物。看到此景的農夫因為確認了乳牛的所在地，而成功放下心中的大石。

過了一段時間，送牛奶的人決定去空地看看乳牛是否還在那裡。讓他十分驚訝的是，乳牛的確在空地上，但其身影完全被一樹叢所遮蔽住；而在同一片空地上，則有棵樹上卡著一大張黑白相間的紙。看到此景，送牛奶的人才發現當時農夫所看到的其實不是他的乳牛，而是這張紙。

這下問題來了：當時認為乳牛就在空地上的農夫究竟是不是對的？

◉蓋提爾難題與知識三條件說

空地上的乳牛是一個經典的「蓋提爾難題」。「蓋提爾難題」是由埃德蒙・蓋提爾在一九六三年所提出，用以挑戰傳統哲學定義知識的方法——「知識即是被證成的真信念」。根據一些實際情境和有可能發生的情況，蓋提爾舉出一系列難題。其中的主角總是抱持著最後被證實為真的信念，且能夠舉出實際證據來支持，但這樣的信念其實並不能稱為「知識」。

根據柏拉圖的說法，要獲得知識必須滿足3個條件，此即「知識三條件說」。知識三條件說中，知識是指「被證成的真信念」。因此，如果我們相信某件事為真，且這件事後來得到證實，我們就真的「知道」這件事。這3個要件前面已提過，這邊簡略概述：

①**信念**：在「知道」某事為真之前，我們必須「相信」某事為真。

②**真理**：若我們「知道」某事，那這件事必定為真。如果某個信念是假的，它必定不為真，也就無法被「知道」。

③**證成**：單純「相信」某事為真是不夠的，一定要有足夠的證據來構成所謂的「證成」。

蓋提爾透過他所提出的難題，證明了知識三條件說是不正確的。雖然這些難題在細節上有所不同，但都有以下2個特徵：

①雖然有證成的存在，但此證成通常不太可靠，因為其支持的信念有可能是假的。

②都跟「運氣」有關。每個蓋提爾難題中，雖然信念最終都得到證成，但僅是因為運氣好而已。

◉蓋提爾難題的解方

有4個理論都試圖修正知識三條件說，而這4個理論都試著在原先的3個條件之上加入1個新條件。以下分別是這4個理論所新增的條件：

①無錯誤信念條件：這個理論認為，一信念的基礎不可以是另外一個錯誤的信念。舉例來說，若你沒發現手錶在早上10點的時候停了，那過了12小時之後（也就是晚上10點），雖然錶上顯示的10點是正確的，但你「錶仍在正常運作」的信念卻是錯誤的。

②因果關係條件：這個理論認為，在知識和信念之間必須有因果關係。請試著想像以下情境：湯姆相信法蘭克在臥室，而湯姆也看到法蘭克站在臥室裡，因此湯姆的信念得到證成。但湯姆不知道的是，他當時看見的並不是法蘭克，而是法蘭克的雙胞胎弟弟山姆。山姆那時候正站在臥室裡，而真正的法蘭克則躲在臥室床底下。雖然法蘭克的確身在臥室，但他在臥室的原因和湯姆的信念完全無關。因此，若採用因果關係這個條件，湯姆就無法得出「法蘭克在臥室裡」這個結論了，因為「看到山姆在臥室」跟「知道法蘭克在臥室裡」之間並沒有任何關聯。

③確鑿理由條件：這個理論認為，所有信念背後都要有理由，若該信念本身是錯誤的，這個理由就不

會存在。舉例來說，若某人相信他眼前有張桌子，而實際上並沒有，此信念背後的理由就不復存在。

④可駁倒條件：這個理論認為，若沒有任何證據可以反駁某信念，就代表我們真的「知道」該信念。讓我們回到剛剛湯姆的例子。根據此理論，湯姆其實有權利說自己「知道」法蘭克在臥房裡，因為他並沒有意識到有可以反駁這個信念的證據存在。

這4個理論都試圖對知識三條件說做出修正，但都存在各自的瑕疵。正是因為如此，蓋提爾的論述才會有這麼大的影響力。他所提出的概念讓我們不斷反思一個問題：「我們真的有辦法完全理解知識嗎？」

倫理學

❖判別對錯

倫理學也稱為「道德哲學」，是探討行為對錯本質的學問。然而，倫理學的範圍遠遠超出簡單的道德判斷。「道德」在講的是道德規範和具體行為的實踐，但「倫理學」除了道德行為和理論的探討外，同時還包括許多與人生哲學相關的討論。倫理學關注的問題主要有以下幾個：人應當如何行動才好？在大眾眼中哪

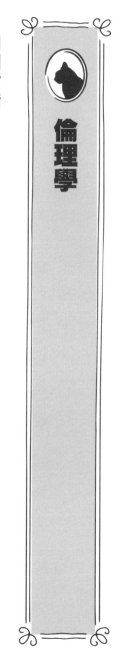

些行為是正確的？人是如何運用及實踐自己的道德知識？「正確」這個概念本身的涵義又是什麼？

❖規範倫理學

「規範倫理學」試圖建立一組規範（或標準）來管理人類的行為，主要討論的議題如下：人應該如何行動、人如何評價各種事物、哪些行為是對的、哪些行為是錯的、哪些事物是好的、哪些事物是壞的？

以下為3種主要的規範倫理學理論：

◉後果論

根據「後果論」，行為是否道德完全取決於該行為所產生的後果。如果一行為帶來正面結果，這個行為在道德上就是正確的；反之，如果結果帶來負面影響，這個行為在道德上就是錯誤的。後果論的核心在於評估哪些因素會導致好的結果、如何對結果進行評判、誰有資格做出這樣的評判，以及在道德行為的過程中，誰是最終的受益者。前面所提過的享樂主義、效益主義和利己主義都屬於後果論的範疇。

◉義務論

「義務論」主張行為對錯的判斷應該基於行為本身，而非其結果。支持義務論的人認為，在做出決策時，我們應該同時考量他人的權益和自身的義務等因素。義務論有幾種流派，包括約翰‧洛克和湯瑪斯‧霍布斯所提出的「自然權利論」（主張人類生來就具有某些普世權利）、「上帝誡命論」（主張唯有道德上正確的行為才符合上帝旨意，且凡是基於義務或責任而做出的行為就必然是正確的），以及伊曼努爾‧康德所提出的「定言令式」（主張我們應當基於義務而做出行動，而行為的正確與否取決於其背後動機，而非其後果）。根據康德的理論，當我們做出行動時，應該將自己行為背後的動機想像成一種普世法則。

◉德行倫理學

「德行倫理學」所關注的是個人內在的品格，主要探討「德行」的概念，也就是那些可以促進生活美滿和增進幸福的行為和習慣。此外，德行倫理學也致力於解決不同德行之間可能出現的衝突，並主張要過上幸福生活就得終生努力實踐這些美德。美德倫理學的經典範例有以下幾個：亞里斯多德的「至福」理論，主張正確的行為即是可以增進福祉的行為，且可以經由每天實踐德行來增進幸福；其二是「行為主體論」，認為德行來自對值得景仰之特質的直觀認識，因此可以透過觀察我們所敬佩的人來瞭解德行；其三則是「關懷倫理學」，強調道德與德行的根基即是女性所獨有的美德，例如：耐心、關懷與照顧他人的能力等等。

❖後設倫理學

「後設倫理學」深入探討倫理判斷的根基，尤其想瞭解倫理陳述、態度、判斷以及倫理性質的本質。也就是說，後設倫理學並不是要評價特定行為的好壞，而是要探索道德判斷的本質與涵義。後設倫理學可以分成

2大類型——道德實在論和道德反實在論。

◉道德實在論

「道德實在論」相信世上存在客觀的道德判準，對於道德評價的陳述是事實性的，意即這種陳述的真假與個人的信念和情緒無關。以上概念又可以稱為「認知主義」，主張有效的倫理命題是以句子的方式呈現，而這些命題可能為真也可能為假。以下幾種觀點也屬於道德實在論的範疇：

- **倫理自然主義**：主張我們可以從經驗中學習到客觀的道德性質（但這些性質也可以化為非倫理的性質。換句話說，倫理性質是可以被簡化為自然性質的）。
- **倫理非自然主義**：相信倫理陳述中的命題無法被簡化為非倫理陳述。

◉道德反實在論

根據「道德反實在論」，世上並不存在客觀的道德價值。道德反實在論主要有以下3種形式：

- **倫理主觀主義**：認為倫理陳述都是非常主觀的宣稱。
- **非認知主義**：主張倫理陳述並非基於事實的宣稱。
- **錯誤理論**：認為倫理陳述是錯誤的客觀宣稱。這樣的說法常見於道德懷疑主義（主張沒有人能真正擁有道德知識）和道德虛無主義（主張倫理陳述通常是錯誤的）。

❖描述倫理學

「描述倫理學」本身並不涉及任何價值判斷，主要是觀察人們實際的道德選擇，並以此為基礎來探究倫理問題。換言之，研究的是人們的道德信念，並假設這些信念背後的行為或價值理論是實際存在的。其目的不在於評估道德規範的合理性，或提供任何道德指引，而是比較和分析不同的倫理系統（如：不同社會和不同時代的倫理），並探討我們嘴巴上所說的道德觀和實際行為所依循的準則之間的關係。因此，描述性倫理學對人類學家、歷史學家和心理學家來說，都是十分寶貴的研究工具。

❖應用倫理學

「應用倫理學」致力於將倫理理論應用於現實生活中的各種情境，經常用於指導公共政策的擬定。一般而言，應用倫理學中，嚴謹的方法論雖然可以解決特定問題，卻不適用於所有情況，有時甚至難以實踐。應用倫理學涉獵的問題範圍十分廣泛，如：人權的定義、墮胎的道德問題，以及動物的權利等等。此外，應用倫理學也包含多個分支，包括醫學倫理學（探討道德判斷和價值觀在醫療領域的應用）、法律倫理學（探討法律專業人士的倫理問題），以及媒體倫理學（探討娛樂、新聞和行銷領域中的倫理問題）等等。

美學

美和品味的哲學

美學大約興起於18世紀，而目前大致上可以分成2個部分：美的哲學和品味的哲學。雖然美學的確涵蓋了藝術相關的哲學，但其實研究範圍遠遠不只如此。美學除了關注藝術的價值和本質，同時也和我們對自然界中各種物體的反應有關，而這些反應會進一步以語言的方式展現出來，於是「美」和「醜」等形容詞就應運而生。但美醜這種詞彙其實是非常模糊的，讓人不禁產生疑問：「為什麼我們會覺得某樣東西美或醜呢？其背後機制為何？」

品味

18世紀時，為了和理性主義的思潮分庭抗禮，「品味」的概念就此誕生。理性主義者認為，我們只要使用理性的原則和概念，就可以對事物的美醜做出決斷。而有些英國哲學家（大多是經驗主義的支持者）則對此一說不以為然，進而提出許多探討品味的理論。

◉立即性理論

這些探討品味的理論又稱為「立即性理論」，因為大多都抱有以下主張：我們對於美醜的判斷是立即且直接的，就像我們在判斷感官刺激時一樣迅速。此外，這樣的判斷並不是（至少主要不是）由其他原則所造成的結果。這些理論認為，最終決定事物美醜的並非理性，而是品味。

這時候，理性主義者可能會提出以下反論：判斷一頓飯是否好吃跟判別一齣戲是否精彩是不一樣的。不過，其實品味理論也告訴我們，戲劇遠比食物複雜許多，因此需要更多認知資源來進行判斷，如應用各種理論和原則等等。因此，判斷戲劇的好壞並不是立即就可以完成的事，故不是單靠品味就能達成的。

簡而言之，根據品味理論，判斷事物的美醜就是立即可完成的（與先前理性主義的想法不同），而判斷戲劇的好壞則需要經過更多的認知歷程，並不具有立即性，因此並不是品味所能處理的問題。

而根據休謨的說法，品味與我們外在的五感比較不同，是一種內在的感官，需要仰賴我們本來就具有的內在歷程。

◉無關利害

品味理論發展時期，許多哲學家普遍認同白利主義的觀點，意即人們從某行為或特質中獲取樂趣的目的是為了追求自身利益。然而，支持品味理論的哲學家認為，從美中得到的樂趣應該是無關利害的。換句話說，這種樂趣並不是出於自我利益，人們能夠判斷某物是美或不美，並不是為了自身利益。此外，哲學家相信判斷美德的過程也有些類似。然而，康德則質疑這種看法，認為品味的確是無私的，但判斷一行為是否道德時所獲得的樂趣則非如此，因為判斷的同時也表示我們有實際執行該行為的意願。而康德的這種看法也成為我們現在普遍認同的觀點。

❖美學

立即性理論和無關利害的觀念可以應用於「藝術形式主義」上，意思是我們只能以形式來判斷事物是否算得上是藝術，以及判斷其好壞。也就是說，上述歷程只能經由視覺或聽覺來理解。

研究美學經驗，就是在研究人類心靈的特定狀態，諸如態度、情緒和反應等。一七五七年，哲學家埃德蒙・伯克出版了十分著名的美學專書《崇高與美的哲學探索（On the Sublime and Beautiful）》，成為美學史上最重要的著作之一。埃德蒙提出2個非常重要的術語——「崇高」和「美」，用以描述我們的美學經驗。

◉崇高

概念來自我們對大自然產生的感受，以及在這無法掌控且時常不如人意的世界中所產生的脆弱和孤獨感。

◉美

概念來自我們與他人社交時會產生的感受（尤其是在戀愛關係中），以及我們希望透過愛和慾望得到撫慰的渴望。

❖藝術哲學

藝術哲學在美學中有著非常關鍵的地位，其中又牽涉到許多不同議題，包含藝術的本質、藝術的評論以及藝術的價值等等。

◉藝術究竟是什麼？

藝術的定義一直是藝術哲學中未解的問題之一。此外，藝術的涵義也會隨著時間不斷演進。從柏拉圖的年代到18世紀，「再現」一直是藝術定義的核心。然而，隨著浪漫主義在18到19世紀的蓬勃發展，藝術的核心從「再現」逐漸轉變為「表現」。到20世紀，抽象和形式的興起又再次取代先前的「表現」概念。20世紀後期，甚至連抽象的定義也遭到捨棄，當時的藝術哲學家認為，我們不應該過於限縮藝術的定義。這樣的概念稱為藝術的「不可定義論」，一開始是由哲學家莫里斯・韋茲所提出，其理論主要奠基於維根斯坦的作品。

◉藝術評論

在觀賞哈姆雷特的演出時，我們究竟是在評論莎士比亞的劇本，還是演員的演技呢？我們會仔細觀察演出的每個部分，甚至考慮演員的服裝這類細節嗎？還有，我們會根據不同的標準來評斷不同的面向嗎？以上這些問題其實不僅限於戲劇，而是可以套用到各種藝術形式上，包含音樂、油畫和素描等等。

◉藝術的價值

我們可以從2個面向來決定藝術的價值——一是內在，一是外在。認為藝術具有外在價值的人，欣賞藝術是因為其能表達共通的道德價值，並提供情感方面的教育；認為藝術具有內在價值的人，則認為藝術本身就是有價值的。列夫・托爾斯泰支持外在價值的觀點，認為藝術的價值與同理心有關；另一方面，奧斯卡・王爾德等人則採取內在價值的立場，信奉「為藝術而藝術」的理念。

文化哲學

❖傳遞資訊

當哲學家談到「文化」，他們指的其實是人類透過基因遺傳或表觀遺傳（意即會影響基因的外在因素）以外部途徑傳遞資訊的方法。簡而言之，文化的概念涵蓋我們用來與彼此溝通的各種符號和行為系統。

從古至今，文化的意義經歷多次演變。其實文化這個詞早在西塞羅在世時（約西元前一〇六～四三年）就已然存在，但當時主要是用來指涉教育哲學及人們接受教育的過程。也就是說，我們現在對文化的定義可以說是很後來才出現的概念。

❖文化的影響力

文化塑造了我們的信念及品味，而這也引出另一個問題：「文化是否造就了我們所知的規範性事實，還是只是在普遍存在的規範原則上加了一層遮罩而已？」

以下這些都是文化對我們產生影響的實例。

◉語言

語言是文化性的（因為每個文化中都會有不同的語言），故語言對思想產生的影響就等同於文化對我們所形成的影響。

◉感知和思想

如同剛剛所說，語言會受文化影響，而我們的思想也同時受語言影響，並進而形塑我們的感知。文化又可分為個人主義文化（主要分布於北美、西歐和澳大拉西亞地區的英語系國家）和集體主義文化（主要分布於中東、西亞、東亞、南美和地中海地區）。

哲學用語

教育哲學：主要在探討哪些工具適合用來把我們的文化傳遞給其他人。孩子剛出生的時候是完全不識字且一無所知的，必須在社會和文化中逐漸學習如何融入其中。因此，教育在我們的文化歷程中扮演著非常重要的角色。

集體主義：集體主義的文化中，每個人都會把自己看作是「集體」的一部分，因此人們一舉一動背後的動機主要都來自於他們在此集體中的責任和義務。

個人主義：個人主義的文化中，人們的主要動機來源是自身的需求和偏好，且通常不會把自己視為集體的一份子。

◉**情緒**

情緒不僅是文化的基本要素，也是我們身為哺乳類就必然會產生的歷程（就像狗狗會有喜悅、悲傷和恐懼等反應一樣）。情緒是我們在演化過程中所逐漸形成的反應，可以幫助我們處理各種情況，同時也是人性的一個重要部分。而文化則會影響我們形成情緒的過程，有時候同一個行為在不同文化中也可能引發截然不同的情緒反應。此外，文化也可能會影響我們表達情緒的方式。

◉**道德**

文化對道德的影響可說是顯而易見的，且不同文化可能會有截然不同的道德觀。而這樣的差異也促使了「文化相對論」概念的產生。

❖文化相對論

每個文化中的倫理道德體系都十分不同，而文化相對論則認為這些體系都是同樣有效的，沒有誰好誰壞的問題。文化相對論的基本概念就是沒有絕對的善惡標準，因此是非對錯就必須仰賴每個人所處社會的信念來決定。此外，我們在倫理道德上所抱持的任何意見都會受到自身文化的影響。

雖說如此，文化相對論其實有個自相矛盾的地方——如果說世上真的沒有絕對的善惡標準，我們就無法做出任何道德判斷了。為了化解這樣的矛盾，文化相對論中出現了所謂的「寬容」概念。然而，既然有「寬容」，就必定會有「不寬容」的概念出現。也就是說，寬容的概念告訴我們，世界上存在一種終極的「善」，而這樣的想法還是會和文化相對論的中心主旨有所衝突。而且從邏輯上來說，文化相對論同樣無法成立。

語言哲學

❖語言究竟是什麼？

19世紀末，隨著邏輯學領域的理論進展，心靈相關的哲學思想經歷劇烈變化。這時候，我們對於語言的理解也迎來革命性的改變，後人則稱這場革命為「語言學的轉向」。這段期間，哲學家的注意力轉向語言的意義、使用以及認知等主題，並著手探討語言和現實之間的關係。

❖句子的結構

語言哲學家試圖理解句子中的不同元素是如何組成意義的。若要瞭解語言的意義，必須仔細探討句子之間的關係，以及句子中各個元素間的關係。根據「組合原則」，我們可以透過理解句子的結構（即「句法」）以及句子中個別詞語的意義，來知道句子整體的意義為何。

那麼，句子的意義究竟是如何形成的呢？以下是2種常見的分析方式：

①句法樹狀圖：主要關注句子中的文法和詞語。

②語意樹狀圖：較注重個別詞語的意義，以及不同詞語意義的組合。

❖語言的習得

說到我們學習語言的方式，常見的想法總共可以分成以下3種：

①天賦論：認為我們天生就具有某些句法相關的知識，且這樣的知識是由我們心靈中的特定部分所產生出來。

句法樹狀圖示例

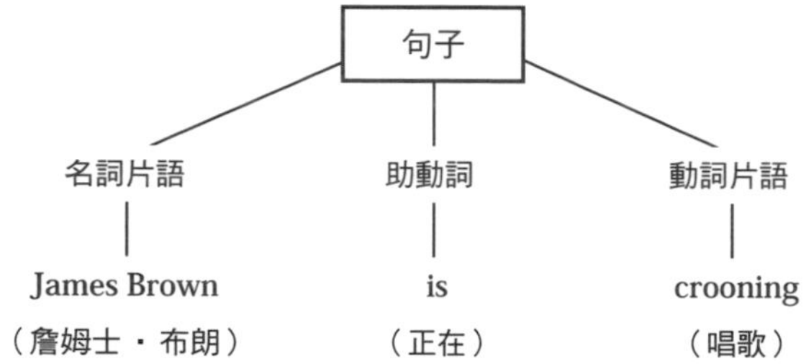

（其中一種）語意樹狀圖示例

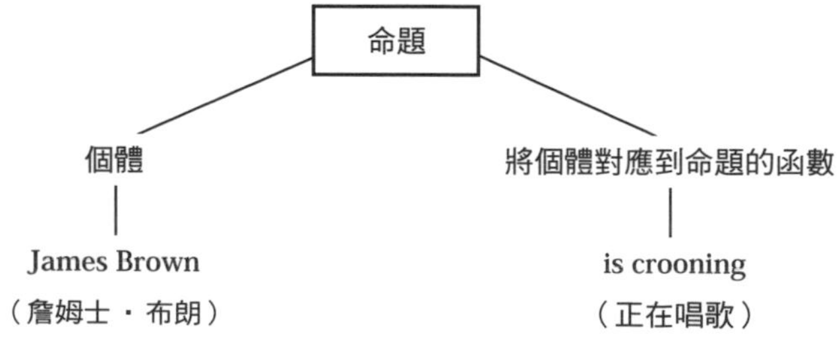

②行為主義：認為絕大部分的語言都是仰賴制約學習來習得。

③假設檢定論：認為小孩會透過不斷形成和驗證假設來學習語言。

❖語言的意義

「語言學的轉向」始於19世紀中期，當時人們開始把語言視為表徵世界和理解信念的關鍵，而哲學家則開始將重心放在語言的意義上。

◉約翰・史都華・彌爾

經驗主義哲學家約翰・史都華・彌爾曾研究過詞語與其指涉對象之間的關係。他認為，一個有意義的詞語必須能夠透過經驗來得到解釋。也就是說，詞語所代表的是我們經由感官所得到的印象。

雖然有些人並不同意彌爾的經驗主義觀點，但也有許多哲學家對他的想法表示同意，認為詞語意義的基礎應該是詞的「外延意義」，而不是其「內涵意義」。

◉約翰・洛克

約翰・洛克認為詞語所代表的並非外在事物，而是用來代表說話者內心的想法。

哲學用語

外延意義：用詞語所指稱的事物來表徵的表層意義。舉例來說，我們可以用「蛇」這個詞來代表其所指稱的特定爬蟲類動物。

內涵意義：詞語所隱含的特質等深層意義。舉例來說，我們可以用「蛇」這個詞來代表「邪惡」的特質。

雖然我們通常會假定這些想法所代表的是外在事物，但洛克相信這種表徵是否準確並不影響詞語本身意義。

有鑑於此，洛克便著手弭平語言本質上的缺陷。為此，他提出以下幾項建議：其一，人們在使用詞語時都應該清楚瞭解該詞語的意義；其二，人們也應該努力判斷他人是否和自己使用同樣的詞義，以建立一套共通的詞彙系統；其三，人們使用詞語的方式應該維持一致；其四：如果一詞語的意義不夠清楚，就應該為其建立更清楚的定義。

◉戈特洛布・弗雷格

戈特洛布・弗雷格是德國的一名哲學家兼數學家，主要研究領域是邏輯學。然而，他對邏輯研究得愈來愈透徹後，就發現必須先瞭解語言，才有辦法繼續進行邏輯研究。而在他轉而研究語言後，便在語言哲學這個領域中做出許多創舉。

弗雷格先是對同一性、名稱和「A等於B」這樣的說法（例如：「馬克・吐溫就是山姆・克萊門斯」）提出質疑。如果「A等於B」這樣的句子可以提供我們全新資訊，為什麼「A等於A」不能呢？

弗雷格認為，句子的意義不只和其指涉對象有關，同時也和該對象的呈現方式有關。詞語所指涉的是外部世界的事物，但名稱所包含的意義則不僅止其指稱的對象。弗雷格將片語和句子拆成「意涵」和「指稱（又稱為「意謂」）」兩部分，認為句子的意涵包括該句子所表達的客觀、普遍和抽象的概念，以及其指涉對象的「呈現方式」。而句子的指稱，則是指該句子在現實中所指涉的對象。指稱可以用來呈現句子的真假，而句子的指稱則是由其意涵所決定。

弗雷格用下圖來說明以上理論。

A線和B線的交點與B線和C線的交點是相同的。也就是說，一個句子之所以可以提供我們新資訊，就是因為其同時具有2種不同呈現方式。若有個句子告訴我們：「A線和B線的交點與A線和B線的交點相同」，只有單一的呈現方式，就無法為我們提供新資訊。

此外，弗雷格認為一個名稱通常會包含以下3個部分（雖然有時候不一定需要3個這麼多）：

①**符號**：該名稱中所用到的字詞。如：「馬克・吐溫」這幾個字。

②**意涵**：我們在想起符號所指稱的事物時，所經歷的過程。舉例來說，當我們聽到「馬克・吐溫」這幾個字的時候，會聯想到他是個幽默的作家，且曾經寫過《湯姆歷險記（Tom Sawyer）》這本書等等。

③**指稱**：該名稱所指涉的事物本身。舉例來說，「馬克・吐溫」這個名稱就是指本名為山姆・克萊門斯，且寫過《湯姆歷險記》的那位作家。

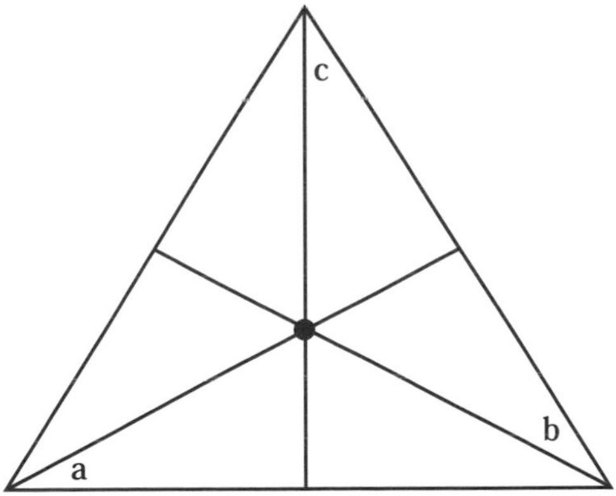

❖語言的使用

語言哲學中，有個重要的概念叫「意向性」。所謂的「意向性」是用來描述一種特定的心理狀態，這種心理狀態可以對應到外在世界中特定的事物。也就是說，意向性並不是指我們做出某個行動的「意向」，而是指我們的想法「指向」外在某事物的能力。舉例來說，我們心中的某個想法可以「指向」雲霄飛車，但雲霄飛車本身卻不能「指向」其他事物。所以，像恐懼、希望和慾望等心理狀態都具有意向性，因為它們都必須「指向」外界的特定事物。

19世紀一名德國哲學家──法蘭茲・布倫塔諾認為，只有心理現象能展現出意向性。後來，20世紀哲學家約翰・瑟爾則提出另一個問題：「既然事物本身並不具有意向性，我們是如何透過語言和心靈，將意向性加諸於物體上的呢？」後來，瑟爾在他提出的「言語行為理論」中，主張行動本身也具有意向性。這是因為語言也是行為的一種，因此當我們說出一句話時，其實也是在做出一項行為，且意向性也存在於此行為中。

當時，人工智慧相關的議題引起哲學界的熱烈討論，其中，瑟爾的論點十分獨樹一幟，他認為機器是永遠無法思考且不具有意向性的，只有像人類這種組織分明的心靈才有能力展現意向性。

Column

孿生地球

首先，請想像以下情境：

宇宙中有個叫作「孿生地球」的行星，孿生地球的一切細節都和地球一模一樣，就連上面居住的人也完全相同。但是，兩個星球的確有一個地方不太一樣：地球上的「水」到了孿生地球上，就成為稱作「XYZ」的物質。為了讓故事順利開展，我們要稍稍把時間倒流，假裝我們現在身處的是一七五〇年的地球——也就是在科學家發現水的化學成分（H_2O）之前。此時，孿生地球上無論是雨、湖還是海，都充斥著這種XYZ物質，而不像地球一樣由水組成。XYZ的性質和水十分相似，但在結構上稍稍不同。孿生地球上的人也會把自己所居住的星球稱為「地球」，他們所說的語言也叫作「中文」，而在他們的「中文」裡，XYZ物質的名字就叫作「水」。

現在問題來了。假設地球上有個小男孩名叫奧斯卡，那他和他在孿生地球上居住的雙胞胎兄弟（也就是另一個「奧斯卡」）所說的「水」指的是同樣的物質嗎？

發明這項思想實驗的是哲學家希拉里・普特南，他認為奧斯卡跟其雙胞胎兄弟所講的並不是同一種物質，因為一個奧斯卡指的是「水」，而另一個奧斯卡講的則是「XYZ」。由此，他得出以下結論：我們腦袋中的認知歷程並不足以決定詞彙的意義，必須綜合考量該詞彙產生意義的來龍去脈才行。

孿生地球的思想實驗可說是普特南所提出的語言哲學理論——「語意外在論」中最知名的例證之一。

◉語意外在論

在此，希拉里・普特南想要探討的是句法（即詞彙之間的排列方式）是如何賦予詞彙意義的。根據他所提出的語意外在論，詞彙的意義（可能是部分意義或全部意義）是由說話者以外的因素所決定。雖然有些理論認為詞彙獲得意義的歷程完全是內在的（也就是只存在於我們的腦中），但普特南的語意外在論卻主張這個歷程是在腦袋外面進行——套一句普特南本人的名言：「意義不只存在於腦中。」

根據普特南的想法，我們語言中的所有詞彙都是由以下元素依序組成：

①詞彙所指涉的物體：孿生地球故事中，這個物體就是具有H_2O這種化學結構的物質。

②常和該詞彙一同出現的詞彙：又稱「刻板模式」。舉例來說，常和「水」有所關聯的詞彙，就包含「無色無味」和「補充水分」等等。

③可用來分類該物體的語意指示詞：以水來說，像是「液體」等等。

④該詞彙的句法指示詞：舉例來說，水是一「集合名詞」，為用來指涉不可拆分物體的名詞形式。

有了語意外在論的概念之後，普特南就進一步提出「指稱因果論」。這個理論主張，我們對詞彙的理解和使用建立在一連串指向指涉對象的因果鏈上。

舉例來說，我們不需要親自看過埃及的金字塔就能談論「金字塔」的概念，這是因為我們可以透過與人的溝通來學習和瞭解金字塔背後的意涵。這個過程會牽涉到十分複雜的人際互動和訊息傳遞。我們從他人那裡學習知識，而這些人又從其他人那裡學習，以此類推，直到連結到對某一主題有第一手經驗的人為止。這種環環相扣的知識傳遞，使我們可以討論自己從未直接體驗過的事物。

◉狹義心智內容

普特南的孿生地球思考實驗所討論的是「廣義心智內容」概念，與之相對的是「狹義心智內容」，指思想和認知內容是個體內在的特質，不受外部環境影響（這和普特南語意外在論的主張恰恰相反）。換句話說，這種狹義內容屬於事物本身的固有特性。舉例來說，硬幣本身是圓的這件事就屬於硬幣的固有特性，而硬幣是否在某人口袋中則是外在狀態。而這種狹義內容是世上所有該物體所共有的。

狹義心智內容的支持者認為，我們的心理狀態和行為模式是由我們的信念所造成的結果。也就是說，我們的行為反映了我們的思想和慾望。而另一些人則相信我們可以深入自己的思考模式，判斷我們的不同想法中是否存在相同內容。若此說法成立，住在不同星球的的兩名奧斯卡就無法分辨自己的想法究竟是和H_2O有關，還是和XYZ有關了。因為他們並不瞭解這兩者的化學結構，也不知道宇宙中存在著其他跟水看起來一模一樣的物質。

為了解釋這種情況，哲學家們提出「緩慢轉換」的概念。假設奧斯卡搬到孿生地球上，他一開始對XYZ物質的想法依然等同於他在地球時對「水」的想法。但隨著他與XYZ接觸的時間愈長、與H_2O分開的時間愈久，他的腦中將漸漸只剩下XYZ，而完全沒有了H_2O的影子。隨著時間推移，他對「水」的思考將具有不同的廣義內容（但奧斯卡不會意識到這個轉變，因為對他來說，他對水的想法始終是一樣的）。若要深入我們的心智並意識到這種想法上的轉換，那我們所需要的即是狹義心智內容，而不是廣義心智內容。

狹義心智內容在哲學界引起不少爭議，許多哲學家更傾向於支持廣義心智內容。而普特南的孿生地球思考實驗，就是用來支持廣義心智內容的著名例子之一。在這個實驗中，兩名奧斯卡雖然具有相同的內在性質，但他們各自指涉的卻是截然不同的實體。因此，若只憑藉內在性質，就無法得知「奧斯卡」所指涉的對象究竟為何了。而這也再一次印證了普特南的名言：「意義不只存在於腦中！」

幽默哲學

❖笑聲背後嚴肅的一面

哲學家在討論「幽默」的時候，通常會探討以下幾個問題：幽默的作用是什麼？幽默會增進人與人之間的關係，還是讓關係變得疏離？為什麼有些事情很幽默，有些事情卻還好呢？

自古以來，很多哲學家都對幽默嗤之以鼻。柏拉圖甚至認為，幽默這種情緒會擾亂我們理性自我控制的能力。此外，他也認為幽默通常出自惡意，例如：觀賞喜劇的人通常會抱持輕蔑和嘲笑的心態。因此，在柏拉圖的理想國中，幽默是受到嚴格管控的，統治者絕對不能笑出來，且全面禁止喜劇作家寫出讓民眾噗哧一笑的作品。

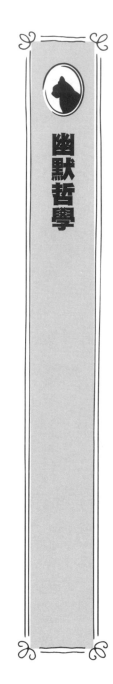

柏拉圖對「笑」和「幽默」的反對影響了後來許多基督教思想家，以及往後的諸多歐洲哲學家。聖經裡，笑常被視為敵意的來源；修道院中，笑則會招致責難。雖說中世紀時期的思想有大規模變動，但人們對於幽默的立場始終沒有改變。因此，後來的清教徒也非常鄙視幽默和笑，並在17世紀開始統治英國時立法全面禁止喜劇演出。

❖幽默理論

前面提到對於幽默和笑的想法，也深植於西方哲學中。《利維坦》一書中，湯瑪斯・霍布斯認為幽默本質上是十分好勝和利己的，而笑別人則等同於用扮鬼臉的方式來表達自身的優越性。同樣地，《靈魂的激情（Passions of the Soul）》一書中，笛卡兒也把笑和嘲笑、輕蔑劃上等號。

以下是幾個對幽默有不同想法的流派：

◉優越性理論

「優越性理論」是由霍布斯和笛卡兒的理論所衍生出來，認為笑就等於是在表現自身的優越性，且對象並不限於他者，也可以是對自己過去的狀態表現出優越感。

直到18世紀為止，優越性理論都是最盛行的幽默理論。但到了18世紀，一位名叫弗蘭西斯・哈奇森的哲學家針對霍布斯的想法提出批判，認為優越感既非「笑」的充分條件，也並非必要條件。我們可以找到許多反例，其中完全不存在優越和自我比較的成分。舉例來說，我們可能會因為某個比喻很奇怪而不小心笑出來。

除此之外，也有許多幽默的例子可以印證哈奇森的論點。在觀賞喜劇大師查理・卓別林的作品時，我們常會因為他巧妙的絕技而嘴角失守，但我們並不會將自己與卓別林做比較。即使有人真的會這樣做，他會笑出來也絕不是因為他覺得自己比卓別林來得優秀。

此外，有時我們不一定只會笑過去的自己，我們也可能對此時此刻的自己笑出來，而這部分就是優越感理論所無法解釋的。舉例來說，當我們到處都找不到眼鏡，最後卻發現眼鏡始終都戴在自己身上時，我們可能就會被此時的自己給逗得笑出來。然而，這種類型的笑就無法和優越感理論所提出的假設互相吻合了。

◉釋放理論

「釋放理論」在18世紀登場之後，就迅速奪去優越性理論的光環。這個理論認為，「笑」這個行為在神經系統中的作用就如同蒸氣鍋爐中的減壓閥一樣。

《幽默的自由與機智（An Essay on the Freedom and Wit of Humor）》一書中，沙夫茨伯里爵士首次提出這個理論，而這也是第一次有人用「有趣的感受」此觀點來探討幽默。

當時的科學家已經發現我們的腦中有神經的存在，也知道這些神經會連結到我們的肌肉和感覺器官。然而，他們也相信神經會負責運輸特定液體和氣體（像是血液或空氣等等），並將這些物質統稱為「動物精神」。《幽默的自由與機智》一書中，沙夫茨伯里爵士主張，這些動物精神會在神經內部形成壓力，而笑則負責紓解這些累積的動物精神。

後來，隨著科學進展，人們對神經系統的理解也更加透徹，而此時的釋放理論也跟著做出調整。當時，有名叫作赫伯特・史賓賽的哲學家認為，情緒會以生理形式出現在我們的體內，稱為「神經能量」，且會引起肌肉的動作。舉例來說，因生氣而產生的神經能量會引起握拳等微小動作，且此動作的幅度會隨著憤怒的程度而逐漸增加（像是從握拳變成揮拳等等）。也就是說，這些神經能量會逐漸積累，最終獲得釋放。

根據史賓賽的說法，笑出來也是一種排解神經能量的方式。但他認為透過笑和透過其他情緒來排解神經能量有個很不一樣的地方，因笑而產生的肌肉動作並不會演變成更大的動作。笑跟其他情緒不同之處在於，其動作本身是沒有特定動機的，僅是釋放壓抑已久的神經能量時所產生的身體反應。

此外，史賓賽認為，笑所釋放的神經能量是由不恰當的情緒所產生。舉例來說，如果你讀到一篇故事，一開始讓你怒火中燒，最後卻以笑話作結，這時候你就被迫要重新審視自己一開始的怒火。此時，因為憤怒所產生的神經能量不再適用於當下情境，便會以笑的方式釋放出來。

釋放理論有許多不同版本，其中最知名的大概屬西格蒙德・佛洛伊德的版本了。他認為，有3種狀況都可能會讓神經能量以笑的生理反應釋放出來，這3種狀況分別為「笑話」、「喜感」和「幽默」。根據佛洛伊德的說法，當我們在說笑話，或是說一些戲謔的話時，這些多餘的神經能量會壓抑住我們的情緒。而在看到小丑等富有喜感的事物時，我們用來思考的能量便會成為多餘的神經能量（也就是說，要理解小丑笨拙的動作需耗費大量能量，但我們正常行動時不必消耗太多能量，因此會有一些額外的能量累積）。最後，當我們接觸到幽默的事物時，能量釋放的原理就和史賓賽所說的類似——有情緒出現卻未得到活用，因此需要透過笑來舒緩。

◉失諧理論

18世紀，另一理論的出現也同時威脅到優越性理論的地位，這個理論就是知名的「失諧理論」。失諧理論主張我們在知覺到「不和諧」（也就是與我們心中預期的模式相違背）的事物時，便會產生笑出來的反應。時至今日，失諧理論仍是幽默理論中的翹楚，得到許多舉足輕重的哲學家和心理學家支持，其中包含索倫・齊克果、伊曼努爾・康德以及阿圖爾・叔本華等人，甚至連亞里斯多德都曾經提出過相似的概念。

詹姆斯・比蒂是第一個用「失諧」來稱呼這個理論的哲學家，他主張當我們的心靈一次注意到好幾個不和諧狀況時，就會產生笑的反應。

而康德雖然從來沒有使用過「失諧」一詞，但也針對笑話是如何玩弄我們的預期進行深入探討。對康德來說，從一開始的鋪墊到最後的笑點，笑話先是引發我們思考，接著改變我們原先的想法，最後讓我們的想法一掃而空。康德認為，此時我們會因為想法不斷轉換，而產生體內器官受到衝擊的感受，這樣的感受會帶來生理上的愉悅。

在康德之後，阿圖爾・叔本華也提出自己的失諧理論，主張幽默源自對某事物抽象的理性認識，以及對同一事物的感官知覺間的差異。叔本華認為，當我們突然意識到自己對某事物的概念和實際上接收到的知覺之間存在著不和諧時，就會產生幽默的感受。

到了20世紀，隨著失諧理論進一步發展，這時的哲學家發現以往的理論架構中存在一些瑕疵。先前所說的失諧理論中，幽默只要在意識到不和諧後就會產生，但光是如此其實不足以構成幽默的充分條件。因為不和諧除了引發幽默的感受之外，也可能造成憤怒、厭惡甚至恐懼等情緒。因此，要有幽默不只需要不和諧，還必須有享受的成分在其中才行。

後來，麥可・克拉克提出最新版本的失諧理論，認為幽默的產生會經歷以下3步驟：首先，我們會察覺到有些不和諧的事物；接著，我們會享受觀察此事物的過程；最後，我們會變成在享受不和諧的感受本身。

比起釋放理論和優越性理論，考慮到所有幽默形式的失諧理論可說是為幽默提供了更加完善的解釋。

科學哲學

❖科學究竟是什麼？

在討論「科學哲學」時，哲學家通常探討的是「自然科學」領域（包括生物學、化學、天文學、物理學及地球科學等），並對這些學科所衍生出的影響、假設以及基本原則進行深入檢視。

一般而言，判斷是否為科學的標準主要包含以下幾點：

①是否提出假設：這裡所說的假設必須滿足邏輯上的『偶然性』（即這些假設在邏輯上既非必然正確，也非必然錯誤）、「可否證性」（即我們可以證明這些假設為假）以及「可驗證性」（即我們有辦法驗證這些

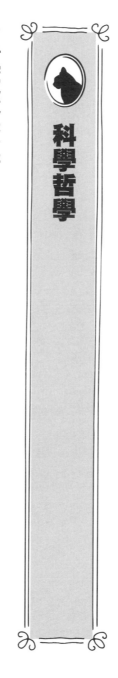

假設是否為真）。

②是否以經驗證據為基礎

③是否採用科學方法進行研究

❖劃界問題

根據哲學家卡爾・波普爾的說法，「劃界問題」是科學哲學中最核心的一個問題。劃界問題在探討的是如何明確區分「科學」與「非科學」（尤其是「偽科學」這個部分）。時至今日，劃界問題還未有學界一致認同的解決方法，有人甚至認為這個問題不重要，或者可能是無解的。

邏輯實證主義者嘗試結合經驗主義和邏輯，試圖把科學建立在觀察的基礎之上。他們主張，任何無法透過觀察而得的事物都屬於非科學（並且是毫無意義的）。然而，波普爾卻認為科學的主要特徵應在於其「可否證性」。

換句話說，波普爾認為所有的科學假設應該都要能夠被反證。如果經過一番努力仍無法證明某個假設不成立，我們才能夠說這個假設「可能」是真的。

哲學用語

可否證性：要討論一假設是否為真之前，必須先確認該假設符合科學原則，而符合科學原則的假設應該是可以被反證的。

❖科學推理的有效性

我們可以用很多不同方法來證明理論的有效性。換句話說，我們可以用許多不同角度來為科學推理提供穩固的基礎。

◉歸納法

科學家面對的挑戰之一，即是難以斷定某個定律在所有情況下都絕對正確，因為即使多次測試都獲得一致結果，也不能保證未來的測試結果會與之相同。為了突破這個困境，科學家便開始使用所謂的「歸納法」。根據歸納法的邏輯，如果某現象在現有案例中均成立，我們就假定其在所有情況下都會成立。

◉經驗驗證

任何科學主張都需要有證據才能支持其理論或模型。也就是說，由科學理論和模型所得出的預測必須與實際觀察到的證據相符（這些觀察都是由感官所得來）。此外，這些觀察結果必須禁得起其他研究者的重複驗證。最後，預測的方式也應該夠具體，這樣科學家才能利用觀察結果來否證其背後的理論或模型。

◉杜漢－蒯因論題與奧坎剃刀

「杜漢－蒯因論題」主張，我們無法在全然真空的情境下檢驗某個理論或假設，因為檢驗過程必然會牽涉到其他的背景假設。也就是說，如果引入足夠多的特殊假設，任何理論都能與觀察到的證據相符合。為了避免這樣的窘境，科學界常會運用「奧坎剃刀」原則。意思是說，如果有許多理論都可以用來解釋某一現象，就要選擇最單純的那一個。

後來，波普爾逐漸接受杜漢–蒯因論題的觀點，拋下原先支持的素樸否證主義，轉而擁護「科學理論應該是可否證的」一說。也就是說，如果某個假設無法產生可供檢驗的預測，就不應被視為科學的一部分。

❖理論依賴性

「理論依賴性」強調人們會依據自己相信的理論，對觀察結果進行詮釋。舉例來說，雖然我們現在都知道是地球在繞著太陽轉，但早期科學家卻認為是太陽在繞著我們打轉，而地球則保持靜止。因此，觀察結果（其中會牽涉到許多認知和知覺歷程）在經由某個理論的詮釋後，就會被稱為是「理論負載的」。

哲學家兼物理學家湯瑪斯・孔恩認為，沒有任何假說可以不受其背後理論的影響，而這些理論也都是從觀察所建立起來的。此外，孔恩認為，當由觀察而建立的新典範能夠為科學問題提供更好的解釋時，人們會傾向於接受新典範，而放棄舊有理論。

❖融貫論

「融貫論」認為，如果理論和陳述屬於某個連貫體系的一部分，就表示其具有正當性。這邊的「體系」可以是某位科學家自身的信念，也可以是整個科學界的共識。

❖偽科學

「偽科學」指的是未經科學方法得出的理論和學說。其本質上並不是科學，卻會以類似科學的樣貌出現。雖然智慧設計論、順勢療法和占星術等偽科學理論可能的確有其用途存在，但都不能被視為真正的科學，因為它們既不可證偽，在方法論上也與公認的科學發現互相矛盾。換句話說，我們完全無法用科學的檢驗方法來驗證這種偽科學理論。要注意的是，並不是所有非科學都屬於偽科學。舉例來說，宗教和形上學都是非科學，卻不是偽科學。

Column

A理論

時間的本質是哲學家時常討論的問題之一。其中，當代哲學家提出「A理論」，認為世上的事物本身都具有「過去」、「現在」或「未來」的性質，且這類特質是無法從事物分割出來的。這些哲學家認為，事物是因為擁有這些性質，才會被歸類為過去、現在或未來。這個理論來自哲學家約翰・麥克塔加特的《時間的非實在性（The Unreality of Time）》一書，他在書中用「A系列」和「B系列」來探討時間相關議題。

◉A系列

根據麥克塔加特的說法，「A系列」指一連串的「位置」，這些位置會從遙遠過去移動到近期過去，再一路延伸到現在。接著，又從現在到近期未來，再移動到遙遠未來（也可能是反過來的）。

這裡所說的「位置」指的是時間上的位置。若是已發生的事件，就會位於「過去」；若是正在發生的事件，就會位於「現在」；若是尚未發生的事件，則會位於「未來」。而這些過去、現在和未來的位置並非永遠不會變動，僅是一種暫時性特質。舉例來說，當我們尚未登陸月球時，此事件都會處於未來的位置；當真的實現時，就會移動到現在的位置；時至今日，登陸月球已然處在過去的位置。

麥克塔加特的A系列說明了時間的流動，事件有時是未來、現在或過去，但絕不會同時屬於未來、現在和過去，也不會永遠都保持在同樣狀態。也就是說，事件不可能永遠停留在現在、過去或未來。

此外，他對時間的定義中，過去和未來是可以分成不同程度的。舉例來說，「明年」的未來程度就高於「下禮拜二」，而不同程度的過去和未來也會對應到不同的時間性質。若要用語言來表述這些位於過去、現在或未來的事件，就必須使用「A句式」，也就是具有時態的句子。舉例來說，我們會說未來的事件「即將要發生」，現在的事件「正在發生」，而過去的事件則是「已經發生了」。

◉現在論與非化約論

A理論結合了「現在論」和「非化約論」這2種不同的理論。

現在論是一種非常極端的理論，主張除了當下存在的事物之外，其他事物都不存在。舉例來說，雖然恐龍等過去事物的確存在過，但時至今日，牠們已經不以任何形式存在於世了；同理可證，雖然未來的事物（如：美國第一百任總統）的確有可能存在，但他們同樣不存在於現在。換句話說，當我們談到過去或未來的事物時，並非討論存在於現在之外的某個時間點，而是當這些時間點成為「現在」時，曾經存在或即將存在的屬性。現在論可說是奠基於時態概念之上，為A理論的重要元素之一。

而所謂的「非化約論」則是一種非常認真看待時態的理論，認為時態的概念可以呼應現實世界最為根本且無法抹除的特質。其中，「時態命題」（又稱為「A句式」）是指有用到時態（如：現在式、過去式和未來式）的句子；而「永恆命題」（又稱為「B句式」）則是指沒用到時態的句子，這些句子通常會用「之前」、「之後」和「同時」等詞彙來表示事件發生的時間。支持非化約論的學者認為，在把時態命題轉換為永恆命題的過程中，必然會遺失部分資訊。

舉例來說，「我現在好餓」跟「我六月十五日下午3點時很餓」這個加上日期的句子所表達的意義就截然不同。當某人真心誠意地說「我現在好餓」，就代表他在說話當下是很餓的；而「我六月十五日下午3點時很餓」則沒有這樣的涵義。也就是說，前面的A句式只有在說話的當下才成立；而沒有時態的句子則是任何時候都成立。以上例子告訴我們，時態命題可以表達暫時性的概念，而沒有時態的句子則無法。

◉互不相容的A理論和狹義相對論

雖然時態在英文中可說是無所不在，但許多哲學家認為A理論和狹義相對論是相互牴觸的，故A理論是無效的。

狹義相對論為阿爾伯特・愛因斯坦於一九四五年提出，由以下2個假設組成：

①即使每個觀察者和光的相對速度不同，光速對每個觀察者來說都是一樣的。

②光速在每個慣性參考系中皆會保持恆定。

根據這兩個假設，同時性不是絕對的，而是相對於某個慣性參考系。也就是說，當我們看到兩個任意事件時，並不能一口咬定兩者在時間上誰先誰後，或是否同時發生，因為事件的先後順序取決於參考框架。相對於某個參考框架而言時，事件一可能與事件二同時發生；但相對於另一參考框架時，事件一可能比事件二早發生；而相對於第三個參考框架時，事件一則可能比事件二晚發生。

因此，雖然對於某個觀察者來說，某兩個事件可能是同時發生的；但對於在不同慣性參考系中移動的觀察者來說，這些事件則會在不同時間點發生。即使一事件在某參考系中屬於「現在」，相對於另一參考系時也可能變成「過去」或「未來」。換句話說，因為我們沒有辦法選出一個絕對「正確」的參考系，所以無法為過去、現在和未來之間的區別定出一絕對且獨立於參考系而存在的標準。

鐵路路堤的例子

愛因斯坦曾用一個鐵路路堤的例子來闡述以上「同時相對性」的概念。想像現在有一列長長的火車正以穩定速度不斷前進（如下圖所示）。此時，若有名乘客正坐在車上，他在觀看周遭事件時，就會以這列火車為參考系。

當天上突然出現2道閃電，一道打在A點、另一道打在B點。此時，有名觀察者正站在A點和B點的正中間，且手上有2面傾斜90度的鏡子，讓他可以同時觀察A點和B點的動靜。

如果這名觀察者同時看到2道閃電，那對他來說，這2道閃電就是同時發生的；然而，對於火車上的乘客來說，會先看到B點的閃電，再看到A點的閃電。換句話說，同樣的兩個事件，若以路堤為參考系時是同時發生的，但若以火車為參考系時則並非同時發生。

以上例子告訴我們，其實所謂的「同時性」並非絕對，而是會根據參考系的不同而變化。若真是如此，A理論和時態的概念就會產生一些瑕疵。以狹義相對論成立為前提，現在論中事物的存在與否也會根據不同的參考系而產生變化。換句話說，在兩個不同參考系中，某事物可以同時處於存在和不存在的狀態。

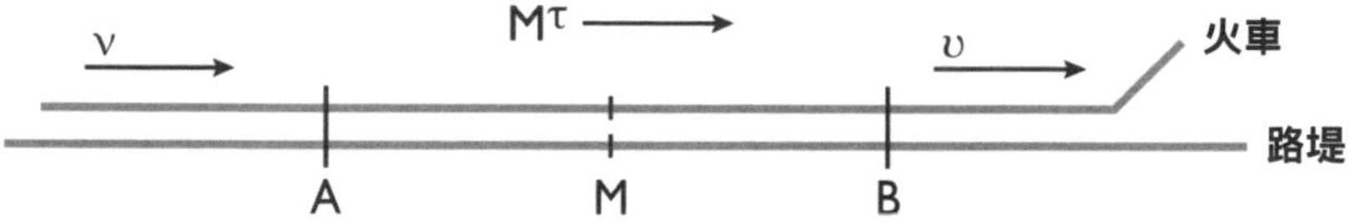

嘗試化解與狹義相對論的衝突

有些支持A理論的哲學家曾試著化解狹義相對論和A理論間的衝突。他們認為，雖然狹義相對論已獲得充分證實，但仍是以經驗為基礎的理論，不應該用來衡量形上學概念。從這個角度來看，目前的物理學並沒有完全排除「絕對同時性」存在的可能性，只是我們現在還無法想像其存在而已。換言之，理想中的物理學或許就能夠找出目前尚無法觀察到的絕對同時性。

此外，有些A理論支持者也認為，就算物理學永遠找不到這種絕對同時性，但「找不到」並不代表「不存在」。最後，A理論支持者也認為，「同時的相對性」只是一種表面現象，意即觀察到兩個事件同時發生是一回事，是否真的同時發生又是另一回事了。

宗教哲學

❖深入瞭解宗教

宗教哲學的研究範疇十分廣泛，涵蓋主題從神蹟、禱告、上帝的本質和存在，到宗教與其他價值體系之間的關係，以及罪惡問題等多個領域。宗教神學與神學不同，並不直接探討「上帝是什麼？」，而是關注宗教傳統中的各個主題及概念。

❖宗教語言

宗教語言常被認為是十分神祕、不明確和模糊的。到20世紀，許多哲學家開始質疑傳統的宗教語言，他們不承認一切非經驗性的主張，認為這些主張毫無意義。這樣的思潮被稱作「邏輯實證主義」。

邏輯實證主義者主張，只有可透過實證證據支持或基於數學與邏輯的主張才具有意義。也就是說，許多宗教上的陳述——包含有關於上帝的陳述（例如：「耶和華是充滿慈悲與恩典的」）——都因為無法被證實，而被視為毫無意義。

然而，20世紀後半開始，愈來愈多哲學家指出邏輯實證主義的不足，路德維希·維根斯坦的語言學理論，以及威拉德·馮·奧曼·蒯因的自然主義理論則逐漸受到重視，這種種原因都導致邏輯實證主義的衰頹。到一九七〇年代，邏輯實證主義早已名存實亡。於是，新的宗教語言理論便逐漸萌芽。

在邏輯實證主義之後，宗教語言的領域出現2個主要思想流派——「實在論」與「反實在論」。實在論的支持者認為，語言所反映的是真實發生的事件；而反實在論者則認為，宗教語言並不能直接對應到現實，而是在指涉人類的行為和經驗。

❖罪惡問題

「罪惡問題」是反神論中最強而有力的論點，並且可用以下幾種方式表述：

◉罪惡的邏輯問題

這個問題最早由哲學家伊比鳩魯提出，可說是針對上帝存在的最有力批評。伊比鳩魯提出以下４種情況：

①如果上帝想要阻止罪惡卻無法做到，就說明上帝不夠強大。
②如果上帝能夠剷除罪惡卻選擇不這麼做，就說明上帝懷有惡意。
③如果上帝既不想也不能剷除罪惡，就說明祂既不善良也不全能，不配稱作上帝。
④如果上帝想剷除罪惡，而祂也的確能夠做到，那為何世界上仍然充斥著罪惡？為何上帝不把這些罪惡一舉剷除？

對此，聖湯瑪斯・阿奎那做出以下回應：我們並不知道沒有罪惡的世界是否真的會更加美好。因為在沒有罪惡的情況下，良善、公平、正義以及自我犧牲等概念也將失去其意義。此外，也有另一種稱為「未知目的辯護」的回應方式，強調人類並不能完全理解上帝的意圖，因為我們永遠無法真正瞭解神。

◉罪惡的經驗問題

這個問題是由大衛・休謨提出，主張在不受既有宗教信仰影響的情況下，人們在經歷世上諸多罪惡後，必然會傾向支持無神論，認為善良且全能的上帝不可能存在。

◉罪惡的機率論證

這一論點認為，罪惡的存在本身即足以證明上帝不存在。

❖神義論

「神義論」是哲學的一個分支，目的是調和以下2個相互衝突的概念——對全善、全知、全能上帝的信仰，以及罪惡和苦難的存在。

神義論並不否認罪惡的存在，也認為上帝有能力終止一切罪惡。因此，神義論想探討的是「上帝為何選擇不阻止罪惡」。針對這個問題，在許多解釋方式中最著名的便是萊布尼茲的理論。

萊布尼茲認為，我們所在的這個世界和其他可能世界相比，已經是最理想的一個了。因為這個世界是由一位完美的上帝所造，因此必然是所有可能世界中最完美、最平衡的。

❖支持上帝存在的論述

支持上帝存在的論述主要可分成以下3類——本體論、宇宙論和目的論。

◉本體論論證

「本體論論證」透過先驗的抽象推理來論述上帝的存在，認為既然我們有「上帝」這個概念，且可以談論祂，就表示上帝必然存在。當我們討論上帝時，其實是在談論一個極致完美的存有，沒有任何事物能夠超越祂的偉大。而既然「存在的上帝」比「不存在的上帝」更加完美，並且我們也已經把上帝定義為完美的存有，就可推斷上帝必然存在。

然而，本體論論證也有其漏洞存在，因為這種推理方式其實可以用來證明任何完美事物的存在。康德就曾做出以下批評：存在並非物體的性質，而是概念的性質。

◉宇宙論論證

「宇宙論論證」從世界和宇宙的存在狀態出發，認為必然有一存有創造了它們，並讓兩者得以存續。也就是說，世上必定存在一個「原動不動者」(即上帝)，因為我們不可能永無止盡地回推。

宇宙論論證主要可以分為2類：

①模態論證：指出宇宙並非必然的存在，因此我們需要設法解釋「為何宇宙存在」。

②時間論證：指出宇宙必定是在某個時間點才開始存在的，因此宇宙一定是由一個「宇宙之外」的存有所創造，而這個存有就是上帝。

◉目的論論證

「目的論論證」又稱為「智慧設計論」，主張既然世界和宇宙存在著一定的秩序，就表示它們必然是由一存有所創造出來，且這個存有的目的即是創造生命。

❖神蹟

宗教哲學的範疇中，時常會討論到「何謂神蹟」這件事情。哲學家通常會把神蹟定義為「不尋常的事件」，這些事件無法透過自然法則來解釋，且常被認為出自上帝之手。

大衛・休謨對神蹟抱持批判態度，認為神蹟是違反自然法則的。休謨主張，能證明神蹟存在的唯一證據就只有少數目擊者的見證，而自然法則是由人類長期以來的一致經驗所支撐。因此，若要讓人相信神蹟的存在，目擊者的證詞就必須壓過支持自然法則的諸多證據。而目前仍缺乏足夠證詞，因此相信神蹟這種違反自然法則的事件是不合理的。

然而，有些哲學家並不認同休謨對神蹟的想法，認為神蹟並不一定會違背自然法則。這些學者認為，自然法則僅能夠描述在「特定條件下」可能發生的現象，故神蹟可能只是這些法則中的例外而已。此外，有些宗教哲學家也指出，休謨對可能性的理解過於狹隘，我們並不能僅以事件的發生頻率來判斷其可能性。

東方哲學

❖世界另一端的哲學思想

所謂「東方哲學」主要指亞洲各地區的哲學思想，有時也包括中東地區的哲學。但因為其所涵蓋的文化範疇甚廣，東方哲學這個概念也很可能引起誤會。舉例來說，中國哲學與印度哲學在本質上即是截然不同的。

廣義上來說，如果西方哲學的核心目標是探索和驗證「真理」，東方哲學所追求的就是對「真理」的接納，以及尋求生命與宇宙間的和諧平衡。

此外，西方哲學十分重視個人的自由和權利，而東方哲學則更加強調群體和諧、社會責任，以及宇宙萬物間的交互作用。由於這樣的觀點常與當地的宗教信仰密切相關，故在東方哲學中，哲學與宗教間的界限通常十分模糊。

❖印度哲學

梵文中，印度的各種哲學思想皆統稱為「達沙納斯」，其核心目標都是希望促進人們的生活品質。其中，這些哲學思想又可細分為「正統派」（與印度教相關的哲學）和「非正統派」（與印度教無直接關聯的哲學）。

◉正統派

又稱「印度教學派」，是直接源於古老印度教經文《吠陀經（Vedas）》的哲學原則。

數論派

作為最早的正統哲學流派，數論派提出一個獨特的哲學框架，認為現實世界的萬事萬物皆來自「原質」（指能量、物質和創造力）與「原人」（指靈魂、心靈或自我）。

這種二元論和西方哲學中的二元論有所不同。西方哲學的二元論指的是「心靈」與「身體」這2種實體；而數論派的二元論則強調「靈魂」（指永恆、絕對而不可分割的實在，為純粹意識的體現）與「物質」間的區別。

數論派哲學認為，一旦真正瞭解兩者本質上的差異（如：悅性、變性與惰性的不同），便能達到真正的自由與解脫。

瑜伽派

瑜伽派同樣接納了數論派的形上學及心理學觀點，但其獨特之處在於引入「神聖實體」概念。如《瑜伽經（Yoga Sutras）》所述，實踐瑜伽的終極目標是心靈的平靜，達到「獨存」境界，從原質中孤立並脫離出來。

正理派

「正理派」是一個極具影響力的學派，為印度的許多哲學流派奠定基礎。該學派建立在嚴謹的邏輯體系之上，認為要獲得真正的知識，必須仰賴以下4種途徑——感知、推論、比論以及見證。透過這些方法獲得的知識，可以協助人們擺脫痛苦。

此外，正理派還制定了一套標準來評判知識的有效性，幫助人們分辨真實與虛妄。

勝論派

「勝論派」成立於西元前6世紀，其思想根基是「多元論」和「原子論」，認為這個物質世界的所有事物最終都可以被拆解為數量有限的原子，而「梵天」（指諸神與宇宙背後的終極實相）則為原子賦予意識。

隨著時間推移，勝論派與正理派逐漸合併，形成一套融合的哲學體系。不過，雖然正理派相信有4種途徑可以獲得真正的知識，勝論派卻只認可其中2種——感知和推論。

聲論派

「聲論派」的哲學建立在其對於《吠陀經》的深度解讀上，因此其闡釋被賦予極高的權威性。

聲論派所代表的是對《吠陀經》中教義的絕對信仰，包括執行火供儀式以維繫宇宙秩序等等。雖然聲論派對其他學派的哲學和邏輯思想表示尊重，但他們仍然堅信，達到解脫的唯一途徑就是遵循《吠陀經》的指示來生活。後來，聲論派開始強調參與啟迪性的活動才是靈魂解脫的關鍵。

吠壇多派

「吠壇多派」專注於從《吠陀經》中探索深奧的沉思與哲學教義，而這些教義又被稱作《奧義書》。此外，該學派也重視冥想、靈性連結以及嚴格的自律。

◉非正統派

又稱「非印度教學派」，並不承認《吠陀經》的權威性。

順世外道

「順世外道」的基礎建立在唯物主義、無神論和懷疑主義之上，認為感知是獲取真正知識的唯一途徑。

印度政治哲學

印度政治哲學的起源可追溯至西元前4世紀，當時的《政事論（Arthashastra）》一書中談到經濟政策和國家治理等主題。到20世紀，由聖雄甘地所推廣的政治哲學興起，並受到耶穌、托列夫・托爾斯泰、約翰・拉斯金、亨利・大衛・梭羅以及《薄伽梵歌（Hindu Bhagavad Gita）》等來源的影響，強調「不害」（非暴力）及「真理永恆」（非暴力抵抗）的重要性。

佛教

佛教哲學的根基即為「四聖諦」：一是苦的事實，二是苦的原因，三是滅苦的方法，四是滅苦以後所得的結果。在佛教哲學中，要滅苦就得遵循「八正道」。

此外，其教義也涵蓋了倫理學、形上學、知識論、現象學等領域，並提出一個超越上帝的精神觀。

八正道

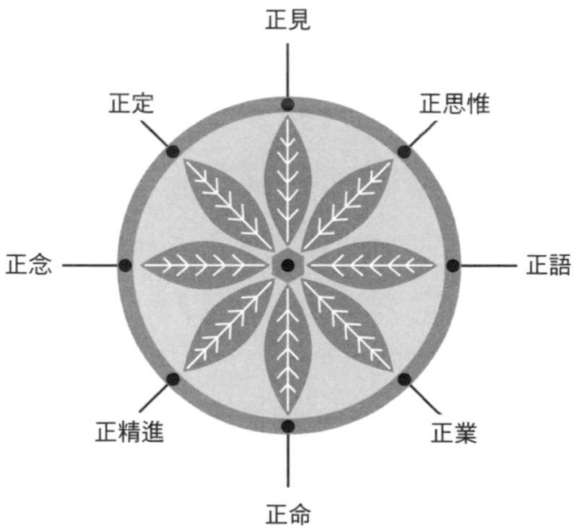

耆那教

耆那教強調「非絕對論」的核心理念，認為從不同觀點出發，即會看到截然不同的現實，因此並沒有哪個觀點是絕對正確的。在耆那教的思想體系中，唯有「全知者」能完全掌握真相，而其他人只能觸碰到其冰山一角而已。耆那教十分重視所有生命間的平等、個體精神的自主性、非暴力原則，以及行為與其直接後果之間的關聯。此外，耆那教認為自我控制是洞察靈魂真正本質的關鍵。

❖中國哲學

中國哲學領域中，最具影響力的4大學派於西元前五百年左右形成。此時百家爭鳴，恰逢古希臘哲學興起之時。這4個學派分別為儒家、道家、墨家和法家。隨著朝代更迭，這些哲學流派也與佛教一同整合進中國官方的思想體系中。

◉儒家

儒家思想的根基來自孔子的教誨，討論主題涵蓋政治、社會與道德等範疇，且具有某些宗教性質（但儒教本質上仍然不算宗教，奉行儒家思想的人仍擁有信仰其他宗教的自由）。

孔子提出許多概念，其中包含「賢能政治」和「己所不欲，勿施於人」的思維，以及陰陽的觀念（陰陽兩種對立力量會不斷衝突，帶來永不休止的變化和矛盾）。此外，孔子也主張必須調和對立的兩方，才

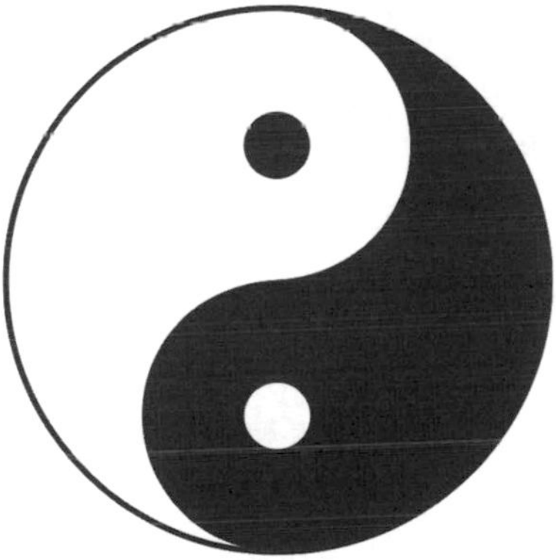

陰陽的符號

能達到「中庸之道」。儒家主張的核心思想包括「仁」（關懷他人）、「正名」（名實相符）、「忠」（忠誠）、「孝」（尊敬父母及長輩）以及「禮」（遵守禮節）。

◉道家

道教最初源於古代中國的道家哲學，並隨著時間發展而逐漸演變成一種宗教形式。

「道」即道路、途徑之意，既代表世界萬物的流動，也是自然秩序背後的無形驅力。道家哲學提倡人文主義和相對主義，強調虛無、自發、彈性，以及「無為」等原則。與儒家思想類似的是，道教亦強調陰陽的平衡概念，並十分重視所謂的「八卦」（現實中8個緊密相關的原則）以及「風水」（研究如何調整環境中的色彩和布局，以促進能量流動的和諧與平衡）。

◉法家

法家是一種政治哲學，強調以法律為治國基礎，透過

嚴刑峻罰來維持社會秩序。法家學派的根基為「法理學」（法律哲學），主張統治者應以「法」（法律）、「術」（策略、計謀、手段及治國之道）和「勢」（權力、領導力及統治正當性）為治國的基礎。

◉墨家

墨家提倡「兼愛非攻」的理念，以最大化群體的利益。根據墨家的思想，若要減少戰爭與衝突，就必須以同等的愛來對待每個人。墨子（西元前四七〇～前三九〇年）是墨家思想的創始人，對於孔子提倡的禮教持批判態度，認為社會應該更注重實用主義，即重視耕作、國防和國家行政等較為實際的活動。

◉佛家

佛教傳入中國後，便與當地的道家和儒家思想相互融合，發展出具有中國特色的佛家學派。這些學派更加關注倫理道德等議題，而不是僅局限於形上學的探討。

❖韓國哲學

韓國的哲學流派深受亞洲地區其他哲學傳統的影響。其中，最主要的哲學流派包含薩滿教、儒家、道家與佛教。

◉原始薩滿教

雖然後期的薩滿教深受道教和佛教思想影響，但其實薩滿教早先在韓國已有數千年的歷史了。薩滿教認為，自然界中存在對人類有益和有害的神靈，而唯有薩滿（也就是被賦予特殊能力的人）能夠與這些神靈溝通。在韓國，這些薩滿多為女性，有著「巫當」之名。這些巫當是靈界與人間的橋樑，致力於解決人類的種種難處。

◉佛教

西元三七二年，佛教由中國傳入韓國。自此，薩滿教的神靈觀念便融入佛教的哲學體系中，用以消弭韓國人眼裡中國佛教形式的內在矛盾。

◉儒家

儒家思想的傳入亦源自中國，對韓國的社會結構和文化產生深遠的影響。其中，儒家對於韓國道德和法律體系的影響尤其顯著，更形塑了韓國社會的長幼秩序。韓國儒學（亦即「新儒學」）所倡導的核心價值觀包括「孝」（孝順）、「忠」（忠誠）、「信」（信任）以及「仁」（仁慈）。

◉道教

道教於西元三七四年傳入韓國，雖在高麗王朝初期（西元九一八～一三九二年）頗受歡迎，但到了中期就與其他哲學和宗教信仰一同融入佛教的思想體系中。在韓國，道教雖未曾成為獨立的宗教，其精神與思想仍深植於韓國文化之中。

◉現代韓國哲學

一九一〇年，神道教因日本統治而成為韓國的官方宗教。與此同時，德國唯心論哲學十分受到韓國民眾的歡迎。而當韓國分裂為南北兩個不同的政治實體時，北韓則採取了正統的馬克思主義，並融合來自中國的毛澤東思想，以及韓國儒家中的「兩班」（統治階層）觀念。

❖日本哲學

日本哲學融合了日本本土、中國及西方的哲學思想。雖然道教和儒教在日本具有一定的影響力，但其影響仍遠不及神道教和佛教。

◉神道教

神道教發源自日本，且一直到二戰前都是日本的國教。雖然神道本身並不是一種哲學體系，但對日本哲學的影響甚鉅。神道教是一種多神泛靈論，透過稱為「神」的神聖力量與無形神靈來詮釋世界。到了6世紀，佛教從中國和韓國傳入日本時，許多佛教概念便被整合到神道之中。神道並沒有嚴格的教義，但十分強調對自然、傳統和家庭的愛與尊重，非常重視潔淨，也會舉行用以敬拜神的節日（稱為「祭典」）。

◉佛教

佛教在西元五五〇年傳入日本，主要有3大宗派，而每一個宗派的引入都帶來獨特的哲學思想。

禪宗

禪宗起源於印度的大乘佛教，經由中國發展壯大後傳入韓國，最終再由韓國傳到日本。到了12世紀，形成獨特的日本禪宗學派。

禪宗強調，眾生的內心深處均有與生俱來的「佛性」（一種美德和智慧）。而根據禪宗的思想，我們可以透過冥想和對日常生活的覺察來發覺自己內在的佛性。

在日本，禪宗又可分為3個主要宗派：

①曹洞宗（規模最大）

②臨濟宗（包含許多不同的小宗派）

③黃檗宗（規模最小）

淨土宗

淨土宗是一種以阿彌陀佛為中心的佛教形式，在日本和中國都非常流行。

這個宗派認為，只要終生致力於和阿彌陀佛建立連結（最簡單的方法就是專注地複誦「阿彌陀佛」），就必然能達到開悟的境界，並在往生後重生於淨土之上。

日蓮宗

日蓮宗的核心為13世紀的日本僧侶——日蓮的教誨。這個宗派主張，由於我們內在便具有佛性，因此是有辦法在當世就達到開悟的。

◉西方哲學的影響

20世紀，以「京都學派」為名的哲學運動在京都大學興起。該學派的特色就是將西方的哲學和宗教理念與東亞的傳統思想相互結合。其中，京都學派時常借鑑黑格爾、康德、海德格和尼采等西方哲學家的理論，以及基督教的思想，來重新詮釋日本的道德和宗教概念。

——你真的存在嗎？——

一分鐘掌握古今中外思想的哲學入門課

出版◆楓書坊文化出版社
地址◆新北市板橋區信義路163巷3號10樓
郵政劃撥◆19907596　楓書坊文化出版社
網址◆www.maplebook.com.tw
電話◆02-2957-6096　傳真◆02-2957-6435
作者◆保羅・克萊曼
翻譯◆王士涵
責任編輯◆邱凱蓉
內文排版◆謝政龍
港澳經銷◆泛華發行代理有限公司
定價◆480 元
出版日期◆2024 年 6 月

國家圖書館出版品預行編目資料

你真的存在嗎?　一分鐘掌握古今中外思想的哲學入門課 / 保羅・克萊曼作；王士涵譯. -- 初版. -- 新北市：楓書坊文化出版社, 2024.06 面；公分

譯自：Philosophy 101：from Plato and Socrates to ethics and metaphysics, an essential primer on the history of thought

ISBN 978-986-377-970-4（平裝）

1. 哲學

100　113005913